Ratgeber

Malawi-Cichliden-Zucht

Ralf Stanislawski · Torsten Weirauch

© Copyright 1996, bede-Verlag GmbH, Bühlfelderweg 12, 94239 Ruhmannsfelden
Herstellung und Gestaltung: Marcus Degen
Bildnachweis: Torsten Weirauch, Ralf Stanislawski, Archiv bede-Verlag, Anlage Anton Unterholzner (S. 7, S. 22)
Artenteil: *Aqua-Magazine, Japan:* Minoru Matsuzaka, Michinobu Kobayashi, Ryu Uchiyama, Fumitoshi Mori
Dr. Andreas Spreinat: S. 45 unten, 46 oben links, 51, 56, 58 unten, 59, 60, 63 oben, 67, 69, 71 oben, 75 unten, 80 unten, 81 unten, 88 unten.

ISBN 3-927 997-45-5

INHALT

Protomelas	taeniolatus		chrysonotus
	similis		verduyni
	fenestratus		azureus
	annectens		virginalis
	labridens		jacksoni
	triaenodon		pleurostigmoides
	spilonotus	Electrochromis	lobochilus
Stigmatochromis	woodi		ornatus
	modestus	Maravichromis	lateristriga
	pholidophorus		semipalatus
Aristochromis	christyi		melanonotus
Chilotilapia	rhoadesii		sphaerodon
Cyrtocara	moorii	Lethrinops	macracanthus
Cheilochromis	euchilus		furcifer
Sciaenochromis	ahli	Dimidiochromis	compressiceps
Ctenopharynx	pictus		kiwinge
Trematocranus	placodon	Aulonocara	jacobfreibergi
Champsochromis	spilorhynchus		hansbaenschi
Tyrannochromis	macrostoma		maylandi
Buccochromis	lepturus		walteri
	heterotaenia		baenschi
Champsochromis	caeruleus		hueseri
Fossorochromis	rostratus		korneliae
Placidochromis	electra		saulosi
	milomo		stuartgranti
	johnstoni	Hemitaeniochromis	urotaenia
	subocularis	Otopharynx	lithobates
Naevochromis	chrysogaster	Rhamphochromis	macrophthalmus
Copadichromis	trimaculatus	Nimbochromis	fuscotaeniatus
	borleyi		linni
			venustus
			livingstonii

EINFÜHRUNG

Malawi-Cichliden sind fazinierende Fische und in der Aquaristik sehr beliebt. Ihre Beliebtheit resultiert aus ihrem interessanten Verhalten, der Brutpflege und ihrer Farbenprächtigkeit. Bevor in diesem Buch über die praktische Pflege und Zucht von Malawi-Cichliden geschrieben wird, soll zuerst über die Heimat dieser faszinierenden Cichliden gesprochen werden. Der Malawi-See ist ein Rift-See, der im Großen Graben von Afrika liegt. Mit einer Länge von 600 Kilometern und durchschnittlich 50 Kilometern Breite gehört er zu den größten Seen der Erde. An einigen Stellen erreicht er eine Tiefe bis zu 700 Metern. Seine Wasseroberfläche liegt 472 über dem Meeresspiegel.

Dieser große See ist kein See wie im üblichen europäischen Sinne, denn er hat ja schon die Ausmaße eines kleinen Meeres. Bei stürmischem Wetter erreichen seine Wellen ohne weiteres drei bis vier Meter Höhe.

Während der windigen Jahreszeit im Juni, Juli und August kann die Lufttemperatur bis auf 15 ° Celsius fallen. Die Wassertemperatur fällt jedoch nicht unter 23 ° Celsius ab. In der ruhigen warmen Jahreszeit von August bis November ist der See sehr klar und jetzt haben viele Cichliden ihre Laichzeit.

Das Alter des Malawi-Sees wird auf einige Millionen Jahre geschätzt. Da der Malawi-See seit rund zwei Millionen Jahren isoliert ist, konnte sich hier eine eigenständige Fischfauna bilden. Die Cichliden des Malawi-Sees haben sich an ihre Umwelt bestens angepaßt, was sich durch bestimmte Maul- und Gebißausbildungen nachweisen läßt. So wurden viele Cichliden zu Nahrungsspezialisten. Bei den Cichliden aus dem Malawi-See handelt es sich ausschließlich um Maulbrüter mit Ausnahme von zwei Substratbrütern.

Die chemische Zusammensetzung des Wassers ist das

Malawi-Cichliden sind bei Aquarianern wegen ihrer Farbenpracht sehr beliebt. Ein weiterer Pluspunkt für diese Fische ist ihr Verhalten und ihre interessante Brutpflege.

ganze Jahr über relativ konstant. Der pH-Wert schwankt zwischen 7,5 und 8,5 bei einer Gesamthärte von 4 - 6 ° d. H. Die Karbonathärte liegt bei 6 - 8 ° d. H. und die Leitfähigkeit beträgt 210 bis etwa 330 Mikrosiemens. Diese Wasserwerte kommen den Aquarianern sehr entgegen, da sie annähernd den Wasserwerten entsprechen, die von den deutschen Wasserwerken angeboten werden. Als positiver Effekt dieser Wasserwerte kommt hinzu, daß bei der Pflege von Malawi-Cichliden nicht allzuviel technischer Aufwand betrieben werden muß.

Die Uferzonen des Malawi-Sees bestehen aus Felsen, Geröll und Sand. Diese Umweltfaktoren haben dazu beigetragen, daß sich die Cichliden ihrem Lebensraum anpaßten. Buntbarsche haben die ökologischen Nischen, die sich in solchen Gebieten bildeten genutzt, um zu überleben. So ist auch zu erklären, weshalb der Artenreichtum und die Populationsdichte im See so hoch ist. Die Buntbarsche haben sich über viele Jahrtausende an diesen Lebensraum angepaßt.

Auf den glatten Felsen und dem Geröll des Malawi-Sees wachsen durch die starke Sonneneinstrahlung riesige Algenteppiche heran, die den Cichliden eine immer wieder nachwachsende Nahrungsquelle bieten. So haben sich viele Cichliden darauf spezialisiert, sich überwiegend von Algen zu ernähren. In diesen Algen befinden sich auch nahrhafte Mikroorganismen und Kleinlebewesen, die die Cichliden mit wichtigem Eiweiß versorgen. Obwohl in den Felsenzonen eine hohe Populationsdichte herrscht, haben die vielen Jungfische dennoch optimale Überlebenschancen, denn die engen Felsspalten und Nischen bieten gute Versteckplätze. Der unterschiedlichen Beschaffenheit der Uferzonen und der extremen Anpassungsfähigkeit der Cichliden ist es zu verdanken, daß manche Arten nur in einem speziellen Gebiet vorkommen. Aus diesem Grund ist der Malawi-See auch eines der interessantesten Gebiete der Aquaristik.

Der Spezialisierung der Cichliden und ihrem Umfeld im See muß bei der Aquarienhälterung unbedingt Rechnung getragen werden. Jeder Cichlidenliebhaber sollte deshalb sein Aquarium so einrichten, daß sich die Malawi-Cichliden auch bei ihm wohlfühlen und sich gegebenenfalls vermehren. Auch bei der Auswahl der Fische, die in einem Aquarium zusammen gepflegt werden sollen, ist das Verhalten in der Natur zu berücksichtigen. Ihr Verhalten wird geprägt durch ihre Nahrungsbedürfnisse, die Fortpflanzung und das artspezifische Verhalten. Oft richtet sich im Aquarium die natürliche Aggression gegen den Nahrungskonkurrenten. Hierbei werden zuerst Artgenossen aber auch ähnlich aussehende andere Cichliden bekämpft. Um Freude an einem Malawi-Cichlidenaquarium zu haben sind die Bewohner so auszuwählen, daß sie sich nicht den Lebensraum im Aquarium gegenseitig streitig machen.

AQUARIEN UND AQUARIENGRÖSSE

Vor dem Kauf eines Aquariums für Malawi-Cichliden muß man sich zuerst über den Platzbedarf der Fische im klaren sein. Malawi-Cichliden können beachtliche Größen erreichen, und aus diesem Grunde darf das Aquarium keinesfalls zu klein gewählt werden. Auch die Anzahl der zu pflegenden Fische beeinflußt die Größe des Aquariums. So können z. B. *Fossorochromis* oder *Buccochromis* ohne weiteres bis 40 cm groß werden. Solche Arten können natürlich nicht in kleinen Aquarien gehalten werden. Wir empfehlen deshalb für Malawi-Cichliden eine Mindestlänge des Aquariums von 120 cm, besser jedoch 150 cm. Ein Aquarium mit einer Länge von 150 cm, einer Tiefe von 60 cm und einer Höhe von ebenfalls 60 cm ist schon ein ganz beachtliches Aquarium und ermöglicht die Pflege jedes Malawi-Cichliden. Aquarien mit einer solchen Tiefe und Höhe gestatten auch die großzügige Einrichtung mit

Dekorationsmaterial. So haben die Fische auch ausreichend Versteckplätze zur Verfügung. Die räumliche Abgrenzung von Revieren durch Einrichtungsgegenstände und das Anbieten zahlreicher Versteckplätze sind Voraussetzungen für ein optimal funktionierendes Malawi-Cichlidenaquarium.

Heute werden im Fachhandel fast ausnahmslos Vollglasaquarien angeboten, die mit transparentem oder schwarzem Silikon verklebt wurden. Es werden Stoß- und Fugen verklebte Aquarien unterschieden. Die Fugen verklebten Aquarien sind etwas aufwendiger herzustellen und dadurch teurer. Natürlich besitzen sie auch eine höhere Sicherheit gegen Undichtigkeiten. Achten Sie beim Kauf eines Aquariums auf ein Markenerzeugnis und auf eine Garantieerklärung des Verkäufers.

Die Einrichtung von großen Schauaquarien bietet sich bei der Pflege von Malawi-Cichliden an. Hier ist es besonders gut gelungen zwei große Aquarien in ein Wohnzimmer einzubauen. Die Kombination mit Dekorpflanzen steigert die Wirkung erheblich.

STANDORT UND ENERGIEEINSPARUNG

Der ideale Standort in der Wohnung ist ein Platz der von direkter Sonneneinstrahlung verschont wird. Bei zu starker Sonneneinstrahlung neigt die Frontscheibe des Aquariums nämlich zu schneller Veralgung. Im Regelfalle sind bei der Aufstellung eines Aquariums mit 150 cm Länge keine Probleme wegen der Stabilität des Fußbodens oder der Decke zu erwarten. Obwohl ein solches Aquarium ein Gewicht von mehreren hundert Kilogramm bringt, ist die Belastung für ein normal gebautes Haus doch nicht zu groß. Werden jedoch Spezialaquarien mit mehr Wasserinhalt aufgestellt, so ist schon vorher abzuklären, ob die Tragfähigkeit der Decke ausreichend ist.

Bei der Aufstellung von Aquarien ist sorgfältig zu arbeiten, denn das Aquarium muß sehr eben stehen, damit keine Spannungen im Bodenglas auftreten können. Bodenunebenheiten können durch eine dünne Schicht Schaumstoff oder Styropor ausgeglichen werden. Es empfiehlt sich immer zwischen Unterbau und Aquarienboden eine solche Dämmplatte einzulegen. Diese Dämmplatte gleicht auch kleinste Unebenheiten aus und verhindert eine spätere Spannung. Da die ideale Aquarientemperatur für Malawi-Cichliden ca. 25 - 26 ° Celsius beträgt, ist es notwendig das Wasser ständig aufzuheizen. Um Energie zu sparen und das Aquarium vor Wärmeverlust zu schützen, empfiehlt es sich, die Seiten und Rückwände zusätzlich mit wärmedämmenden Styroporplatten zu bekleben. Diese Styroporplatten gibt es in verschiedenen Stärken in Baumärkten. Übrigens sei angemerkt, daß es auch blaues und grünes Styropor zu kaufen gibt. Mit einem scharfen Messer lassen sich die Platten auf beliebige Maße kürzen. Da besonders weißes Styropor nicht sehr schön ist, können Sie es z. B. mit Dispersionsfarbe anstreichen oder z. B. mit Kork verkleiden. Sicher ist jedoch, daß eine solche Wärmeisolierung über das Jahr gesehen einen erheblichen finanziellen Vorteil bringt.

Auch eine vernünftige Abdeckung des Aquariums mit vier bis fünf Millimeter dicken Glasscheiben oder durchsichtigen Kunststoffplatten ist sehr wichtig. Die Abdeckung des Aquariums spart zum einen Energie und schränkt die Wasserverdunstung ein. Auch können Fische nicht aus dem Aquarium springen. Auch wenn eine fertige Abdeckung mit integrierter Beleuchtung mitgeliefert wird, sollte dennoch eine zusätzliche Glasabdeckung vorhanden sein. Durch diese zusätzliche Glasabdeckung werden die sehr teuren Aquarienabdeckungen vor Verschmutzung, Beschädigung und Algen geschützt. Ein so gut isoliertes Aquarium spart über Jahre gesehen, einige Heizkosten ein.

ZUCHTANLAGEN

Die erfolgreiche Nachzucht der eigenen Fische ist für jeden Aquarianer ein Höhepunkt. Da Malawi-Cichliden einen erhöhten Platzbedarf bei der Nachzucht haben, ist eine vernünftige Planung einer Zuchtanlage unabdingbar. Diese Planung ist die beste Grundlage für einen jahrelangen Erfolg bei der Zucht von Malawi-Cichliden. Meist wird man sich einen speziellen Raum im Haus für die Zuchtanlage aussuchen. Sehr günstig ist es, wenn in diesem Raum ein Wasseranschluß und möglicherweise auch ein Wasserablauf vorhanden ist. Um zwei oder gar drei Aquarien übereinander zu stellen ist es nötig eine Regalanlage aufzubauen. Wer in seinen eigenen vier Wänden wohnt, kann sich sehr schöne Regale aus Ziegelsteinen oder Gasbetonsteinen mauern. Die weißen Gasbetonsteine lassen sich mit einer Säge mühelos auf entsprechende Größen zurechtschneiden. In gemieteten Räumen ist es günstiger Regale aus Metallrohren aufzubauen, denn diese Regalsysteme lassen sich sehr schnell wieder zerlegen und mitnehmen. Bewährt haben sich in Zuchtanlagen Aquarien, die alle die gleiche Größe haben, denn das erleichtert doch die Reinigungsarbeiten. Wir benutzen in unseren Zuchträumen ausschließlich Aquarien mit einer Länge von 150 cm. Natürlich ist es oft nötig kleinere Aquarien für Nachzuchten zu haben, aber dies läßt sich ohne weiteres auch mit großen Aquarien bewerkstelligen, wenn man diese mit Glasscheiben in mehrere Kammern aufteilt. Zur Befestigung dieser Trennscheiben werden U-Profile aus Aluminium mit Silikon an den Längsseiten festgeklebt. Die Trennscheiben können jetzt einfach von oben eingeschoben werden. Als Trennscheiben eignen sich sehr gut Kunststoffscheiben, in welche mehrere Löcher gebohrt werden. Diese Löcher können sehr einfach mit einer Bohrmaschine ausgeführt werden. Durch diese Löcher kann jetzt das Wasser von einer Kammer in die andere strömen. Anstelle von Löchern können auch ausgeschnittene Flächen in den Kunststoffscheiben mit einer Fliegengaze beklebt werden. Durch die feinen Löcher der Gaze kann das Wasser problemlos durchfließen, ohne daß Jungfische von einem Aquarium in das andere gelangen können. Die Trennscheiben werden von oben in die U-Profile geschoben und je nach Nutzung kann das Aquarium so vergrößert oder verkleinert werden. Durch diese einfache Handhabung sind unterschiedlich große Platzangebote möglich. Sie können einerseits die einzelnen Kammern mit einem kleinen Filter versehen, oder das gesamte Aquarium mit einem Zentralfilter betreiben. Obwohl die Filterung für ein Aufzuchtaquarium gut dimensioniert sein sollte, dürfen Jungfische nicht in den Filter eingesaugt werden. Wegen des hohen Futterbedarfs ist das Wasser in den Zuchtaquarien regelmäßig zu wechseln. Es empfiehlt sich auch, nur wenige Einrichtungsgegenstände in das Aquarium zu bringen, damit eine genaue Kontrolle auf Futterreste möglich ist. Futterreste sind selbstverständlich täglich abzusaugen.

Überlegen Sie sich bei der Ersteinrichtung Ihrer Zuchtanlage bitte genau, wo Sie Stromanschlüsse benötigen oder wo Luftleitungen verlegt werden müssen. Eine spätere Nachrüstung dieser Anschlußleitungen ist immer mit Problemen verbunden. Also besser vorher genauestens planen, denn das spart Zeit und Ärger. Sprechen Sie sich bei der Planung ruhig mit anderen Hobbyzüchtern ab, denn der eine oder andere wird sicherlich einen nützlichen Tip für Sie haben. Ihr Zoofachhändler, der sicherlich auch Malawifische zum Verkauf anbietet, kann Ihnen auch den einen oder anderen guten Rat bei der Einrichtung eines Malawi-Cichlidenaquariums geben. Falls Sie eine größere Zucht- oder Hälterungsanlage aufstellen, ist es ganz interessant, einen Stromzwischenzähler zu installieren, der Ihnen einen genauen Überblick über die Kosten verschafft.

Zur ausreichenden Versorgung der Aquarien und Filter mit Druckluft, bieten sich Hochleistungsmembranpumpen an. Diese Pumpen sind in allen guten Fachgeschäften erhältlich und liefern zwischen 1000 und 10000 Liter Luft pro Stunde. Der Stromverbrauch dieser Pumpen ist wesentlich günstiger, als der von Seitenkanalverdichtern. Außerdem sind Membranpumpen nicht nur sparsam, sondern auch leise und wartungsfreundlich. Um die Druckluft der Membranpumpe zu den einzelnen Aquarien zu führen, ist es günstig eine Ringleitung mit 15 mm Durchmesser aus PVC-Rohr oder Gummirohr zu verlegen. Diese Ringleitung kann an jeder beliebigen Stelle angebohrt und mit einem Anschlußstück für die dünne 6 mm Luftleitung verklebt werden. Entsprechende Zwischenstücke und T-Stücke gibt es im Fachhandel. Mit Schlauchklemmen können diese Luftzuführungen dann beliebig geöffnet oder geschlossen werden. Durch den starken Druck in der Ringleitung können so mehrere Aquarien problemlos mit Luft versorgt werden. Damit in Zuchträumen das Licht nicht so plötzlich an- bzw. abgeschaltet wird, empfiehlt sich auch der Einbau eines Zentrallichtes, welches morgens langsam einschaltet und nachts langsam ausschaltet. Eine Überlegung wäre es auch wert, ein Nachtlicht brennen zu lassen. Es gibt auch spezielle „Mondlichter", die vor allem im Meerwasseraquarium Anwendung finden, aber als Nachtlicht in einem Zuchtraum bestens geeignet sind. Diese Leuchten sind blau eingefärbt und verbreiten eine interessante Stimmung im Zuchtraum.

EINRICHTUNG DES AQUARIUMS

Bei der Einrichtung eines Aquariums für Cichliden der Ostafrikanischen Grabenseen ist darauf zu achten, daß Einrichtungsgegenstände zur Verwendung kommen, die den natürlichen Gegebenheiten am nächsten kommen. Was bedeutet dies für den Liebhaber von Malawi-Cichliden? Da wir im natürlichen Biotop als Grundelemente Sand Felsen und nur wenige Pflanzen vorfinden, ist auch als Bodengrund des Heimaquariums Sand zu bevorzugen. Cichliden graben gerne mit Ausdauer im Sand und kauen diesen auch durch. Es wird vermutet, daß dieses Sandkauen eine Bedeutung bei der Verdauung hat, da auch in den Mägen der Buntbarsche immer wieder Sand gefunden wurde.

Neben dekorativem Sand spielen Steine eine große Rolle bei der Gestaltung eines Aquariums für Malawi-Cichliden. Das Aquarium kann beliebig mit großen und kleineren Steinen ausgestattet werden. Bei einer Aquarientiefe von 60 Zentimetern lassen sich sehr schön Steinaufbauten am Aquarienhintergrund vornehmen. Diese Steinaufbauten können bei einer Erstausstattung mit Silikon verklebt werden. Beim Aufbau von Steinen ist darauf zu achten, daß zahlreiche Versteckmöglichkeiten und Höhlen gebildet werden. So haben später unterlegene Tiere und Jungfische die

Zahlreiche Versteckmöglichkeiten können den Fischen durch große Steinaufbauten angeboten werden. Zur Revierbildung und als Versteckmöglickkeit sind diese Höhlen sehr wichtig und dürfen keinesfalls in einem Malawi-Aquarium fehlen.

Möglichkeit, sich gut zu verstecken. Die Steinauswahl ist so zu treffen, daß möglichst viele Höhlen gebildet werden.

Da Malawi-Cichliden oft Revierkämpfe austragen, oder männliche Cichliden die Weibchen jagen, darf ein solches Aquarium nicht mit scharfkantigem Gestein eingerichtet werden. So sind z. B. Lavasteine oder Grottenkeramik für diese schnellen Schwimmer nicht geeignet. An scharfkantigen Steinen können sich unsere Cichliden erheblich verletzen. Besonders an den Augen der Fische sind solche Verletzungen nicht wieder gutzumachen und bleibende Schäden vorprogrammiert. Auch Steine mit metallischen Einschlüssen haben nichts in einem Malawi-Aquarium zu suchen. Da solche Gesteinssorten zum Teil ihre metallischen Einschlüsse an das Wasser abgeben, kann es zu einer schleichenden Vergiftung der Fische kommen. Auch Hautprobleme oder Allergien können auf falsch ausgewählte Steine

zurückzuführen sein.

Hat das Aquarium nicht eine ausreichende Tiefe um darin eine Steinrückwand aufzubauen, so muß man sich mit einer Rückwand hinter dem Aquarium behelfen. Es gibt natürlich viele Möglichkeiten zur Gestaltung einer Rückwand und jeder Aquarianer muß hier die für ihn geeignete aussuchen. Einfach, aber für ein Malawi-Aquarium nicht so geeignet, sind Fotorückwände, die meist Aquarienpflanzen und -wurzeln zeigen. Besser, aber aufwendiger ist es, die Rückwand von außen mit Aquarienmörtel oder Steinplatten zu bekleben. Sehr einfach ist die Verwendung von Styroporplatten, die zuvor mit Dispersionsfarbe beliebig angestrichen werden. Es sollen keine zu grellen Farben benutzt werden, da grelle Farben die Fische erschrecken. Allerdings sind zu dunkle Farben, wie schwarz auch sehr nachteilig, da sie sehr viel Aquarienlicht schlucken. Gut bewährt hat sich ein

Im Fachhandel gibt es herrlich geformtes Lochgestein, welches für Höhlenaufbauten in Malawi-Aquarien besonders gut geeignet ist. Diese Kalklochsteine geben zusätzlich noch Härtebildner an das Wasser ab, was dazu beiträgt, daß der pH-Wert stabil bleibt. Natürlich sind die Steine vor dem Einbringen in das Aquarium gründlich zu reinigen.

Steinaufbauten sind für Malawi-Cichliden-Aquarien sehr wichtig, denn sie bieten den trächtigen Weibchen, sowie Jungfischen ausgezeichnete Versteckplätze. Lochgestein ist besonders gut geeignet. Nach einiger Zeit bildet sich sogar Algenaufwuchs, der gefressen wird.

mittleres Braun oder auch Blau und Grün. Die angestrichene Styroporplatte wird von außen an die Rückwand geklebt. Ein großer Nutzeffekt geht von dieser Styroporplatte auch aus, was die Wärmeisolierung angeht. Da Styropor hitzeempfindlich ist, können dickere Styroporplatten auch mit einem Lötkolben oder einem Heißluftbrenner verformt werden. So lassen sich durch diese Hitzequellen in die Oberfläche der dickeren Styroporplatte Strukturen einbrennen. Wird diese Styroporplatte anschließend mit Dispersionsfarbe angestrichen, erhält sie ein interessantes Aussehen. Eine solche Styroporplatte erhöht auch etwas die Tiefenwirkung des Aquariums.

Bei der Verwendung von Steinen zu Steinaufbauten ist anzumerken, daß einige große Steine einen besseren, optischen Eindruck auf den Betrachter ausüben, als viele kleine Steine, die zu einem Haufen aufgeschüttet wurden. Die Steinaufbauten können auch ruhig einmal die Wasseroberfläche berühren. Alle Steine sollten im leeren Aquarium auf dünnen Styroporplatten aufgestellt werden, da sonst einige Sandkörner, auf denen das gesamte Gewicht lastet, die Bodenscheibe zum Bersten bringen können. Werden die Steinaufbauten geschickt im Aquarium plaziert, können sogar Heizstäbe und Filterleitungen geschickt verdeckt werden. Ist der Steinaufbau eingebracht, wird der gut gewaschene Sand in einer Höhe von ca. 6 Zentimetern aufgebracht. Das Waschen des feinen Sandes geht am besten in kleinen Portionen in einem Kunststoffeimer. Der Sand wird solange gewaschen, bis er keinerlei Schmutzpartikel mehr an das Wasser abgibt.

ABDECKUNG UND BELEUCHTUNG

Da Malawi-Cichliden recht lebhafte Schwimmer sind, muß das Aquarium mit einer Abdeckung versehen werden, um ein Herausspringen der Fische zu verhindern. Für Aquarien mit Normmaßen werden im Fachhandel Komplettsysteme mit integrierten Leuchtstoffröhren angeboten. Diese Leuchtstoffröhren sind spritzwassergeschützt und entsprechen der Sicherheitsnorm. Diese Komplettsysteme schließen das

Aquarium dicht ab und sind sehr empfehlenswert. Werden über dem Aquarium freihängende Lampen benutzt, so ist das Aquarium mit Glas- oder Kunststoffscheiben abzudecken. Am weitesten verbreitet und sehr empfehlenswert sind Leuchtstoffröhren für ein Cichliden-Aquarium. Achten Sie beim Kauf der Leuchtstofflampen darauf, daß diese für Feuchträume geeignet sind. Da ein Cichliden-Aquarium nicht die gleiche Lichtmenge benötigt wie ein holländisches Pflanzenaquarium, ist es ausreichend, das Aquarium je nach Größe mit ein bis drei Leuchtstoffröhren zu versehen. Zu empfehlen sind Leuchtstoffröhren, die normales, weißes Licht ausstrahlen. Sie werden unter der Bezeichnung TL-D oder NL weiß im Fachhandel angeboten. Gerne verwenden Aquarianer auch Leuchtstoffröhren mit starkem Blau- oder Rotanteil. Die Farbe der Fische wird durch diese Spezialröhren entsprechend beeinflußt. Am besten ist hier eine Beratung im Fachgeschäft mit gleichzeitiger Betrachtung der Leuchtstoffröhren im Einsatz. Die Beleuchtungsdauer ist über eine Zeitschaltuhr zu regeln, damit sich Pflanzen und Fische an den Rhythmus gewöhnen können. Die durchschnittliche Beleuchtungszeit sollte bei zwölf Stunden täglich liegen. Bei längeren Beleuchtungszeiten, die nicht empfehlenswert sind, wird die Algenbildung gefördert, und außerdem erhalten die Fische nicht genügend Nachtruhe, wodurch sie gestreßt werden und an Farbenpracht verlieren.

Für große und hohe Aquarien können auch sogenannte HQI oder HQL-Leuchten eingesetzt werden. Jedoch sollten diese Spezialleuchten nur für Spezialaquarien mit entsprechenden Dimensionen zum Einsatz kommen.

FILTERUNG

In der heutigen Zeit sind eine unüberschaubare Anzahl verschiedener Filtersysteme auf dem Markt. Für den Laien ist es sehr schwierig, sich durch dieses riesige Angebot hindurchzufinden und seinen richtigen Filtertyp auszuwählen. So gibt es z. B. Motor- oder Topffilter, luftbetriebene Topffilter, Rieselfilter, Schwammfilter usw. Alle diese Filtersysteme werden dann nochmals in Außen- und Innenfilter unterteilt, so daß ein riesiges Angebot entsteht. Unbestritten ist, daß bei normalem Fischbesatz eine Filterung unentbehrlich ist. Die Filterung ist neben dem regelmäßigen Wasserwechsel die beste Möglichkeit, dem Wasser Schadstoffe zu entziehen und es mit Sauerstoff anzureichern. Gleichzeitig sorgt die Filterung für die nötige Wasserbewegung in den Aquarien. Die Filterung im Wohnzimmeraquarium kann die gleiche, wie in einer Zuchtanlage sein, nur im ersten Fall ist wohl etwas mehr Aufwand zu betreiben, den Filter im Aquarium so zu

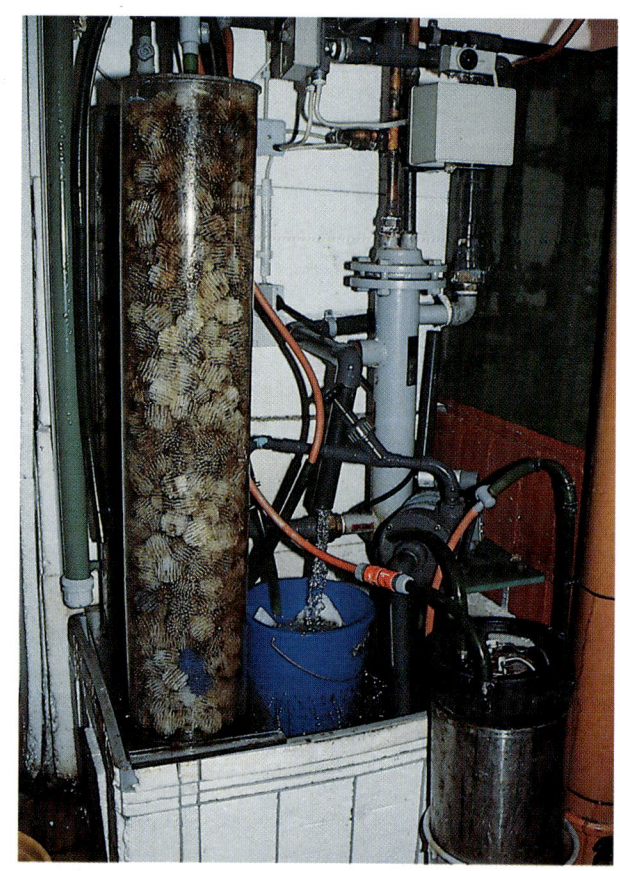

Den richtigen Filter für größere Zuchtanlagen zu finden ist nicht immer einfach. Hier wurde ein außenstehender Biofilter mit einem Rieselfilter und einer Heizschlange kombiniert. Der Phantasie sind hier wirklich keine Grenzen gesetzt.

verstecken, daß er bei der Betrachtung des Schauaquariums nicht stört. Bei einer vernünftigen Dekoration des Aquariums kann der Innenfilter oder das Ansaugrohr eines Topffilters mit Steinen und Pflanzen verdeckt werden. Inzwischen gibt es auch im Fachhandel verschiedene, stabile Kunststoffplatten in perfekter Steinoptik, mit denen die Rück- und Seitenwände des Aquariums von innen verkleidet werden können. Wird eine solche Kunststoffplatte zerschnitten und ein Teil, ca. vier Zentimeter von der Seitenwand an die Rückwand geklebt, so entsteht ein Zwischenraum in dem die Heizung und das Filteransaugrohr Platz finden. Im folgenden Kapitel werden einige Filtersysteme, die sich bei Malawi-Cichliden bewährt haben, vorgestellt.

LUFTBETRIEBENE TOPFFILTER

Topffilter die mittels Luft betrieben werden, sind seit relativ kurzer Zeit in den Fachgeschäften zu kaufen. In diesen Töpfen stehen Plastikröhren, deren Kern mit Filterwatte umwickelt ist. Zum Antrieb wird eine Durchlüfterpumpe benötigt. Die durch die Durchlüfterpumpe in das Innere einer Röhre gedrückte Luft reißt Wasser, das durch die Öffnungen der Rohre ständig nachfließt, mit nach oben. Da alle Röhren hohl und am Boden mit einem Sieb versehen sind, kann dieser Hohlraum zusätzlich mit grobem Filtermaterial aufgefüllt werden. Durch diesen kleinen Trick erhöht sich die Filteroberfläche beträchtlich. Das Prinzip dieser Filterung beruht darauf, daß das Wasser durch die Röhren gezogen wird, und die Bakterien sich in diesen Röhren ansiedeln, um das Wasser aufzuarbeiten. Von Zeit zu Zeit müssen alle Schläuche mittels einer Spirale gereinigt werden, da Algenwachstum und Mulmablagerungen den Querschnitt des Schlauches ständig verkleinern und somit die Leistung herabsetzen.

MOTOR-TOPFFILTER

Sogenannte Motor-Topffilter sind in allen Leistungsstufen, selbst für riesige Aquarien zu bekommen. Die passenden Filtertöpfe haben Dank innovativer Hersteller mittlerweile das richtige Volumen bekommen. Zu diesen Filtern gehören noch zwei Absperrhähne und zwei Schnelltrennkupplungen, damit eine Filterreinigung unproblematisch wird. Da diese Motor-Topffilter sehr schnell arbeiten und große Mengen von Wasser befördern, sammelt sich auch entsprechend schnell Dreck in der Filtermasse an. Aus diesem Grund ist es wichtig die Topffilter regelmäßig zu reinigen. Motor-Topffilter die im Unterschrank des Aquariums stehen und nach Wochen oder Monaten geöffnet werden, bieten dem Betrachter eine übelriechende Filtermasse. Der Aquarianer der jetzt der Meinung ist, daß sein Topffilter gute Arbeit geleistet hat, irrt sich. Denn dieser Dreck, der sich schon teilweise zersetzt hat, läßt eine wasserfilternde Wirkung nicht mehr zu. Eher das Gegenteil ist der Fall, denn diese verschlammten Filter entziehen dem Aquarienwasser wichtigen Sauerstoff. Cichliden des Malawi-Sees lieben sauerstoffhaltiges gut gefiltertes Wasser und deshalb ist beim Einsatz von Topffiltern sehr darauf zu achten, daß diese immer regelmäßig gereinigt werden. Richtlinien zum Säubern dieser Motor-Topffilter können nicht pauschal gegeben werden. Entsteht der Eindruck, daß sich die Filtermasse zugesetzt hat, ist es höchste Zeit den Filter zu reinigen. Also lieber öfter kontrollieren, als zu lange warten. Äußerste Sorgfalt muß der Aquarianer beim Zusammenstecken der Schläuche walten lassen. Ein ständiger Gefahrenpunkt sind die vielen Verbindungen, die einmal nach dem Reinigen nicht richtig zusammengesteckt, für ein böses Erwachen sorgen können. Wer schon einmal vor seinem ausgelaufenen Aquarium gestanden hat, wird das sicher nicht mehr vergessen.

RIESELFILTER

Rieselfilter haben sich bis heute in der Süßwasser-Aquaristik noch nicht durchgesetzt. Bei Meerwasser-Aquarianern sind diese Filtersysteme seit längerer Zeit in Gebrauch. Rieselfilter werden in allen Größen und Varianten angeboten. Gemessen an ihrer Größe besitzen diese Filter eine hohe Reinigungskraft. Gedacht sind sie für den Einsatz neben, unter oder über dem Aquarium. Angetrieben werden sie mit Hilfe einer kleinen Pumpe. Gefüllt werden diese Rieselfilter mit natürlichen oder synthetischen Filtermaterialien wie Korallenbruch, Lavalit, Muschelgruß oder Glassinterkörper. Auch Keramik oder Tonröhrchen oder Kunststoffbälle werden gerne als Filtermaterial verwendet. Bei herkömmlichen Filtern wird das Filtermaterial ständig vom Wasser umspült und der benötigte Sauerstoff wird dem durchfließenden Wasser

Bei dieser Rieselfilteranlage tropft das vorgefilterte Wasser über das Filtersubstrat in die Schubladen. Im rechts oben zu sehenden Vorfilter werden die groberen Schmutzpartikel mit Hilfe von Schaumstoffmatten festgehalten. Diese Matten lassen sich später sehr einfach ausspülen.

entnommen. Beim Rieselfilter dagegen befindet sich das Filtermaterial nicht im Wasser sondern locker in einer wasserfreien Kammer. In dieser Kammer wird das Filtermaterial von oben langsam mit Aquarienwasser berieselt. Am Boden der Kammer sammelt sich das gefilterte Wasser und wird mit einer kleinen Pumpe in das Aquarium zurückgeführt. Beim Rieselfilter werden die Kleinlebewesen in der Filtermasse reichlich mit Sauerstoff versorgt und können dadurch eine sehr hohe Abbauleistung erreichen. Um eine gute Effektivität zu erreichen muß dem Filter eine Reinigungsstufe vorgeschaltet werden. Aus eigenen Erfahrungen können wir sagen, daß bei fehlender Vorfilterung der positive Nutzen erheblich gemindert wird. Abgestorbene Pflanzenteile, Kot und Futterreste, die in den Filter gezogen werden, setzen das Filtersubstrat schnell zu, so daß dann die Wasserkanäle im Substrat verstopft werden. Somit muß das Wasser am Substrat vorbeifließen und wird nicht mehr gründlich gereinigt. Für Pflanzenaquarien eignen sich Rieselfilter weniger, denn sie treiben das Kohlendioxid aus dem Wasser aus.

Offene Rieselfilter lassen erhebliche Mengen an Wasser verdunsten. Dennoch dürfen Rieselfilter nicht luftdicht abgeschlossen werden, denn die Bakterien benötigen Luftsauerstoff um richtig zu arbeiten.

SCHWAMMFILTER

Jetzt kommen wir zu einem Filtersystem, welches sich seit Jahren in unseren Aquarien sehr bewährt hat. Luftbetriebene Schaumstoff-Innenfilter erwiesen sich als sehr gut. Es gibt diese Schaumstoff-Innenfilter im Fachhandel, allerdings nur für kleinere Aquarien. Für größere Aquarien mit Malawi-Cichliden kann ein effektiver selbst hergestellt werden. Besorgen Sie sich dafür entsprechende Schaumstoffmatten für Filter im Zoofachhandel. Kommen Sie keinesfalls auf den Gedanken Schaumstoff zu benutzen, der nicht ausdrücklich für Aquarien freigegeben ist. Schaumstoff, wie er zum Polstern von Sitzmöbeln benutzt wird, ist meist mit Insektiziden behandelt worden, um Motten und ähnliche Kleintiere fernzuhalten.

Für ein Beispiel-Aquarium mit den Maßen 150 cm Länge, 50 cm Höhe und 50 cm Breite benötigen wir zwei Schaumstoffblöcke von 15 x 50 x 10 cm. Ferner eine Glasscheibe von 35 x 50 cm. In eine Ecke der Glasscheibe wird ein Loch in der Größe des Lufthebers gebohrt, den wir verwenden wollen. Jetzt wird die Glasscheibe mit Silikon ins Aquarium geklebt.

Der Luftheber wird installiert und die beiden Schaumstoffblöcke bündig zwischen Seitenscheibe und Filterscheibe eingeklemmt. Bei 10 cm breitem Schaumstoff sollte die Filterscheibe 9,8 cm von der Außenscheibe eingeklebt werden. So ist ein guter Halt des Filtermaterials gewährleistet. Eine kleine Durchlüfterpumpe von etwa 300 Litern Luftleistung pro Stunde reicht für unseren biologischen Filter aus. Diese kleinen Pumpen sind im Verbrauch sehr günstig, denn dieser liegt meist nur um 5 Watt. Der Heizstab kann für den Betrachter unsichtbar in die Filterkammer eingehängt werden.

Jetzt wollen wir die Wirkungsweise dieses Filters einmal erklären. Die durch eine Durchlüfterpumpe eingeleitete Luft reißt permanent Wasser durch den Luftheber mit, so daß ein Unterdruck entsteht, der ständig Wasser durch die Schaumstoffblöcke nachfließen läßt. In diesen Filterblöcken, die durch ihre grobe Struktur mehrere Quadratmeter Oberfläche aufweisen, siedeln sich

Kleinerer Biofilter mit verschiedenen Filtersubstraten. Neben der üblichen Filterwatte für die Vorfilterung werden hier Kunststoffbälle als Langsamfilter verwendet.

aerobe Bakterien an, die vereinfacht ausgedrückt, dieses Wasser aufarbeiten und dadurch reinigen. Wichtig ist, daß das Wasser langsam an diesen Bakterienkulturen vorbeifließt. Die Ausscheidungsprodukte der Bakterien lagern sich am Boden des Filters als feiner Schlamm ab. Turmdeckelschnecken, die von uns gezielt eingesetzt werden, ernähren sich unter anderem von diesem Schlamm, der wiederum nach deren Aufarbeitung fast nicht mehr vorhanden ist. Übermäßige Ablagerungen können von Zeit zu Zeit mit einem Schlauch abgesaugt werden. Bei einem vernünftigen Fischbesatz im Aquarium funktionieren diese Filter viele Monate ohne Reinigung. Bei optimalen Bedingungen können diese Filter sogar mehrere Jahre ohne Reinigung funktionieren.

Sollte der Fall auftreten, daß Sie den Schaumstoffblock reinigen müssen, wird aus dem Aquarium ein Eimer mit Wasser entnommen, in welchem wir den vorderen Schaumstoffblock, der meist stärker verdreckt ist, auswaschen. Den zweiten noch im Aquarium verbliebenen Schaumstoffblock schieben wir jetzt nach vorne an die erste Stelle, so daß der frischgereinigte dahinter gestellt werden kann. Durch das Auswaschen im Aquarienwasser werden nur wenige Bakterien vernichtet. Würden Sie den Schaumstoffblock unter fließendem Wasser reinigen, würden Sie die Bakterien weitgehend vernichten. Sehr positiv wirkt sich aus, daß durch das wechselseitige Auswaschen der beiden Filterblöcke die biologische Filterung niemals ins Stocken gerät. Von dem im Aquarium verbliebenen Filterschwamm werden die Bakterienkulturen schnell wieder in den gereinigten Block übersiedeln.Diese von uns beschriebene Filterung hat in all den Jahren gezeigt, daß sich der pH-Wert in den sauren Bereich hin verschiebt. Für ein Malawi-Seeaquarium ist das natürlich nicht erwünscht. Aus diesem Grund haben wir in der freien Zone der Filterkammer einige Handvoll

Muschelgruß oder etwas reine Kreide eingelegt. Dies hilft den pH-Wert im alkalischen Bereich zu halten.

Diese effektive, biologische und wartungsarme sowie energiesprarende Filterung ist ein Schlüssel zur erfogreichen Hälterung und Zucht fast aller ostafrikanischen Grabensee-Cichliden.

Natürlich können auch robuste Pflanzen in ein Cichliden-Aquarium gepflanzt werden. In der Regel lassen die gut gefütterten Malawi-Cichliden diese Pflanzen auch in Ruhe wachsen. Durch die Kombination von Pflanzen, Steinen und Fischen wird die Attraktivität eines Aquariums natürlich verstärkt.

Große Pflanzenbestände ermöglichen es den Fischen sich darin zu verstecken und somit wird die Aggressivität untereinander reduziert. Dichte Pflanzenbestände sind sehr gute Versteckplätze für Jungfische.

PFLANZEN

Pflanzen erfüllen einige wichtige Aufgaben im Aquarium, und deshalb sollten Sie auch in einem Malawi-Cichlidenaquarium nicht darauf verzichten. Pflanzen bauen Schadstoffe ab und liefern Sauerstoff, der wiederum von den Fischen und den Mikroorganismen benötigt wird. Natürlich wirken Pflanzen auch auf den Betrachter des Aquariums sehr schön. Immer wieder wird behauptet, daß in einem Aquarium mit Cichliden kein Platz für Pflanzen ist, da Cichliden sich gerne an Pflanzen vergreifen. Bei abwechslungsreicher Ernährung der Fische ist es jedoch durchaus möglich Pflanzen in einem Aquarium zu pflegen.

Pflanzen sind auch ideale Bekämpfer von Algen, denn sie entziehen durch ihr Wachstum dem Wasser ständig Nährstoffe, so daß sich Algen nicht ausbreiten können, da ihnen ihre Lebensgrundlage entzogen wird. Wo Pflanzen gut wachsen, können Algen nicht gedeihen. Beim Kauf von Pflanzen, für ein Cichlidenaquarium, ist darauf zu achten, daß nur robuste Pflanzen ausgewählt werden. Gesunde Pflanzen aus dem Fachhandel weisen ein sattes Blattgrün und weiße Wurzeln auf. Pflanzen mit braunen oder schwarzen Wurzelstöcken sind nicht geeignet, da diese Pflanzen im Aquarium nur schlecht anwachsen. Als besonders schnellwüchsig und robust haben sich Vallisnerien und Cryptocoryne balansae bewährt. Desweiteren sind einige Anubias-Arten sehr empfehlenswert. Besonders Anubia nana ist sehr empfehlenswert, denn ihre Wurzeln klammern sich an Steinen fest. Anfangs können diese Anubia nana mit

Hilfe von Angelschnur oder Gummis an Wurzeln und Steinen befestigt werden. Haben sie sich erst einmal mit ihren Wurzeln am Untergrund festgeklammert, können diese Hilfsmittel wieder entfernt werden. Diese hier genannten Pflanzen haben sich über Jahre in unseren Aquarien bestens bewährt. Wenn die Cichliden mindestens einmal wöchentlich pflanzliche Kost in Form von tiefgefrorenen Erbsen oder Spinat, welcher in das Frostfutter eingerührt wird, gefüttert werden, verschmähen sie die schönsten Pflanzen. Damit die Pflanzen nicht ausgegraben werden, sind die Wurzelstöcke mit Steinplatten vor dem Ausgraben zu sichern.

Pflanzen mit langen Blättern, wie Vallisnerien und Cryptocorynen, müssen im Aquariumhintergrund oder an den Seiten plaziert werden. Vallisnerien vermehren sich sehr schnell durch Austriebe, die sich neben der Ursprungspflanze ansiedeln. Cryptocorynen, die zu groß werden, können durch Abknipsen der alten Blätter ausgedünnt werden. So wachsen schneller neue Triebe heran, und diese Blätter bilden ein sattes Grün. Damit die Pflanzen im Aquarium über lange Zeit ihr sattes Blattgrün und einen guten Wuchs behalten, muß nach jedem größeren Wasserwechsel gedüngt werden. Für die genannten Pflanzen hat sich Eisendünger aus dem Zoofachhandel bestens bewährt. Damit Aquarienpflanzen besser anwachsen, sind die Wurzeln der Pflanzen beim Einsetzen um etwa die Hälfte zurückzuschneiden.

DAS WASSER

Für die Zucht und Pflege von Malawi-Cichliden ist Wasser das wichtigste Lebenselement. Seine chemische Zusammensetzung entscheidet über das Wohlbefinden der darin untergebrachten Lebewesen. Malawi-Cichliden eignen sich hervorragend zur Pflege in unseren Landesteilen mit mittelhartem und hartem Leitungswasser. Die Wasserwerte, die unser Leitungswasser aufweist, ähneln denen des Malawi-Sees. Eine aufwendige Wasseraufbereitung durch Umkehrosmose oder Ionenaustauscherharze ist somit überflüssig. Das vorhandene Leitungswasser muß nur von Chlor befreit und im pH-Wert etwas stabilisiert werden. Vor der Verwendung des Leitungswassers ist dieses auf einige Werte hin zu überprüfen. Für die Zucht und Pflege von Malawi-Cichliden sind neben dem pH-Wert die Gesamthärte und der Leitwert von Interesse. Diese Werte lassen sich relativ einfach durch im Fachhandel erhältliche Reagenzien oder Geräte feststellen.

DER PH-WERT

Der pH-Wert kennzeichnet das Kräfteverhältnis der Säuren und Basen im Wasser. Ist dieses Verhältnis ausgewogen, so liegt der pH-Wert beim Neutralwert von 7,0 in der pH-Skala. Die pH-Wertskala reicht von 0 - 14. Überwiegen im Wasser die Säuren, so sinkt der pH-Wert unter den Wert 7 ab, überwiegen dagegen die Basen (Laugen) so steigt der pH-Wert über 7 an. Im Aquarium wird der pH-Wert hauptsächlich durch die Carbonathärte und die Kohlensäure beeinflußt. Wässer mit sehr hoher Carbonathärte und wenig Kohlensäure besitzen hohe pH-Werte wie z. B. die afrikanischen Grabenseen. Dies bedeutet, daß unsere Malawi-Cichliden ein Wasser mit höherem pH-Wert bevorzugen. Im Aquarium sollte der pH-Wert deshalb nicht unter 7,5 abfallen. Natürlich darf er andererseits auch nicht über Werte von 9,0 ansteigen. Ideal für ein Aquarium mit Malawi-Cichliden sind pH-Werte zwischen 8,0 und 8,5.

Im Aquarium schwankt der pH-Wert im Tagesrhythmus, weil die Pflanzen nur tagsüber assimilieren und somit der Gehalt des Wassers mit Kohlendioxid schwankt. Bestimmen lassen sich die pH-Werte im Aquarium mit Farbindikatoren, die als Wassertest im Handel erhältlich sind. Allerdings sind diese Wassertests sehr einfach und können nur eine grobe Aussage über den pH-Wert machen. Genauer läßt sich der pH-Wert durch elektrische pH-Meter erreichen, die eine höchstmögliche Messgenauigkeit aufweisen. Diese Geräte werden mit Eichlösungen regelmäßig kontrolliert und eingestellt. Gerade beim Besitz mehrerer Aquarien macht sich eine Anschaffung eines pH-Meters schnell bezahlt.

Für den Mitteleuropäer zunächst ein Kulturschock; doch in Südostasien gilt die Devise: Hauptsache bunt, dabei darf es auch ruhig aus Plastik sein. Die Zoofachgeschäfte führen künstliches Dekorationsmaterial in allen erdenklichen Variationen und für jede Tierart. Auch bei der Zusammensetzung der Fische wird wenig auf artspezifische Gewohnheiten und Herkunft geachtet.

Artgerechte Haltung in einer natürlichen Umgebung ist das Ziel der europäischen Aquarianer. Pflanzen können in Malawi-Aquarien gepflegt werden, wenn die Fische optimal gefüttert werden. Das satte Grün der Aquarienpflanzen macht ein Aquarium erst perfekt.

DIE LEITFÄHIGKEIT DES WASSERS

Die elektrische Leitfähigkeit des Wassers wird hauptsächlich durch Salze als Härtebildner verursacht. Als grober Richtwert gilt, daß 1 ° deutscher Gesamthärte eine Leitfähigkeit von 33 Mikrosiemens/cm ergibt. Je mehr gelöste Salze in einem Wasser vorhanden sind, desto stärker steigt die Leitfähigkeit an. Die Leitfähigkeit des Wassers hat eine aquaristische Bedeutung bei der Zucht empfindlicher Fische und im Falle unserer Cichliden, beim Umsetzen von Neuerwerbungen. Durch den Gesamtsalzgehalt wird nämlich der osmotische Druck des Wassers beeinflußt. War das Wasser, in welchem der neugekaufte Fisch zuletzt schwamm, sehr salzhaltig, dann weist dieses Wasser einen sehr hohen Leitwert auf, und wir müssen beim Umsetzen entsprechende Sorgfalt walten lassen. Die gekauften Fische sind langsam an die neuen Wasserverhältnisse anzugleichen. Fische vertragen einen Wechsel von niedriger zu höherer Leitfähigkeit oft schadlos. Umgekehrt können jedoch leicht Schäden durch Aufquellen der Zellen auftreten. Die elektrische Leitfähigkeit läßt sich sehr leicht durch Prüfgeräte aus dem Fachhandel messen.

GESAMT- UND CARBONATHÄRTE

Als Gesamthärte wird die Summe aller im Wasser gelösten „Erdalkali"-Ionen bezeichnet.

Die Gesamthärte wird angegeben in Grad-Gesamthärte GH. Für die Pflege von Malawi-Cichliden ist eine Gesamthärte von 4 - 8 ° GH ideal. Malawi-Cichliden lassen sich aber ohne weiteres an den ortsüblichen Härtegrad anpassen und sogar zur Zucht bringen. Eine weitere große Rolle spielt die Carbonathärte KH. Natürliche Wässer enthalten regelmäßig größere Mengen an Carbonat- und Hydrogencarbonat-Ionen. Diese Ionen gelten als Bildner der Carbonat-Härte. Gemessen wird die Carbonat-Härte in deutschen Grad KH. Um sehr weiches Leitungswasser ohne großen technischen Aufwand aufzuhärten benutzen Aquarianer gerne Muschelbruch der einfach in die Filteranlage gegeben wird. Auch reine Schulkreide kann zum Aufhärten benutzt werden. Diese schonende Dauerstabilisierung des Aquarienwassers ist sehr gut geeignet, um Malawi-Cichliden problemlos in geeignetem Wasser zu halten.

Um das Leitungswasser fischgerecht und chlorfrei aufzubereiten, empfiehlt es sich dieses vor dem Wasserwechsel über Aktivkohle zu filtern. So kann z. B. für den regelmäßigen Teilwasserwechsel ein spezielles Gefäß mit Wasser vorbereitet werden. In diesen Behälter können Sie z. B. einen kleinen Filter mit Aktivkohle hängen, welcher das Wasser dann entsprechend vorfiltert. Ein so behandeltes Leitungswasser ist von allen wichtigen Schadstoffen die den Fischen gefährlich werden können, befreit. Wenn Sie gleichzeitig diese Wasseraufbereitungsanlage an einem warmen Ort unterbringen können, haben Sie wiederum Energie gespart, denn so wird das Wasser bereits temperiert.

WASSERWECHSEL

Mit einem gut vorbereiteten Wasser können auch größere Mengen des Aquarieninhalts ausgetauscht werden. So ist es durchaus möglich einmal ein Drittel des Aquarienwassers auszutauschen. Solche Wasserwechsel sind besonders dann interessant, wenn man Malawi-Cichliden züchten möchte. Durch die Wasserwechsel werden die Fische stark zur Zucht angeregt. Jungfische wachsen bedeutend schneller, wenn das Wasser im Aufzuchtaquarium regelmäßig gewechselt wird. Ein Schadstoffabbau wird durch Wasserwechsel beschleunigt. In Aquarien mit Jungfischen wird logischerweise sehr oft und stark gefüttert. Somit ist es auch erforderlich hier täglich Teilwasserwechsel vorzunehmen. Natürlich sind solche Wasserwechsel sehr arbeits- und zeitintensiv, jedoch ist die Belohnung gesunde und schnellwüchsige Fische.

PEROXID-METHODE

Eine interessante Methode Aquarienwasser aufzubereiten ist ein Verfahren, welches die Schadstoffe im Aquarium durch Zugabe von aktivem Sauerstoff aufoxidiert. Gerade in Zuchtanlagen, wo sehr viele Fische in einem Aquarium untergebracht sind, kommt es vor, daß die Schadstoffe Nitrit und Ammoniak hohe Werte erreichen. So bekommen Jungfische Wachstumsschäden, die in einer hohen Schadstoffbelastung resultieren. Auch die Ausbreitung von Krankheiten ist wesentliche einfacher in einem solch belasteten Wasser. Um hier entgegenzuwirken kann zum Einen ein täglicher Wasserwechsel durchgeführt werden zum Anderen aber aktiver Sauerstoff ins Spiel gebracht werden. Durch den zusätzlichen Sauerstoff werden Schadstoffe gleich nach ihrer Entstehung wieder abgebaut. Algenprobleme tauchen in solchen Aquarien kaum auf und das Wachstum von Jungfischen wird günstig beeinflußt. Aktiver Sauerstoff löst sich im Wasser wesentlich besser, als Sauerstoff aus der Luft. Das hat den positiven Effekt, daß schnell eine Sauerstoffsättigung des Wasser erzielt wird. Wir haben über Jahre Versuche mit Jungfischen durchgeführt und konnten nur positive Feststellungen treffen. Jungfische, die gemeinsam geboren wurden, wurden in gleich großen Aquarien aufgezogen. Eine Gruppe wurde konventionell aufgezogen, die andere Gruppe erhielt zusätzlich Sauerstoff durch Peroxid. Es stellte sich heraus, daß beide Gruppen einen guten Gesundheitszustand aufwiesen. Die Fische der Peroxid-Gruppe jedoch zeigten bedeutend schneller ihre Farben und wuchsen in der gleichen Zeit auch stärker als die Vergleichsgruppe. Die Aquarien in denen Peroxid zum Einsatz kam ließen sich auch viel leichter pflegen. Wer sich dazu entschließt, mit Wasserstoff-Peroxid zu arbeiten, hat die Möglichkeit sich fertige Geräte im Zoohandel zu kaufen, oder einen Oxidator selbst zu bauen. Das Prinzip des Oxidators ist recht einfach. In einer Kunststofflasche, deren Verschraubung ein winziges, stecknadelgroßes Loch aufweist, wird eine dreiprozentige Wasserstoffperoxid-Lösung eingefüllt. Als Katalysator kann ein sehr kleiner Kieselstein oder ein winziges Stückchen Kupferdraht verwendet werden. Dieser Katalysator kommt in die Flasche, welche kopfüber in das Aquarium oder den Filter eingehängt wird. Da der Katalysator jetzt mit dem Peroxid reagiert wird Sauerstoff frei, welcher einen Teil des Wasserstoff-Peroxid aus der Öffnung des Verschlußes in das Aquarium drückt. Dort reagiert das Peroxid mit den Gegenständen im Aquarium und es entsteht Sauerstoff. Natürlich ist es nicht einfach, solch eine genau funktionierende Peroxid-Flasche selbst vorzubereiten und deshalb empfiehlt es sich, auf Nummer sicher zu gehen und einen entsprechenden Oxidator im Fachhandel zu kaufen.

FISCHKAUF UND FISCHBESATZ

Um Fehlkäufe zu vermeiden, sollten Sie sich vor dem Kauf der Fische für Ihr Cichliden-Gesellschaftsaquarium einige Gedanken über deren Lebensgemeinschaft im Aquarium machen. Dies beginnt sogar schon bei der Einrichtung eines Aquariums. Wollen Sie eine bunte Schar Mbunas pflegen, so ist das Aquarium so einzurichten, daß es einer Steinlandschaft gleicht. Fischen aus der sogeannten Utaka-Gruppe müssen Sie natürlich viel Schwimmraum freilassen. Somit sind also schon die ersten Voraussetzungen für den späteren Besatz gegeben. Welche Buntbarsche Sie auswählen werden, bleibt letztendlich Ihnen überlassen, denn hier entscheidet der persönliche Geschmack und natülich auch das Platzangebot in den Aquarien.

Für den Anfänger folgen hier zehn Beispiele einer Cichliden-Gesellschaft wie sie für ein Aquarium mit den Maßen 1,50 x 50 x 50 cm denkbar wären. Die erste Zahl gibt jeweils die Anzahl der Männchen an, die nach dem Schrägstrich die Anzahl der Weibchen.

1. 2/5 *Protomelas taeniolatus*
   3/7 *Copadichromis virginalis*
2. 1/3 *Aristochromis christyi*
   1/3 *Trematocranus placodon*
3. 1/3 *Dimidiochromis compressiceps*
   1/3 *Nimbochromis venustus*
4. 2/5 *Aulonocara stuartgranti*
   1/3 *Copadichromis azureus*
   1/3 *Lethrinops spp.*
5. 2/5 *Cyrtocara moorii*
   1/3 *Fossorochromis rostratus*
6. 1/3 *Eclectochromis lobochilus*
   1/3 *Nimbochromis livingstonii*
7. 2/5 *Aulonocara hansbaenschi*
   1/3 *Naevochromis chrysogaster*
   1/2 *Otopharynx lithobates*
8. 1/3 *Ramphochromis macrophthalmus*
   2/5 *Sciaenochromis ahli*
   2/5 *Protomelas taeniolatus*
9. 1/3 *Cheilochromis euchilus*
   1/2 *Champsochromis caerulea*
10. 1/2 *Nimbochromis venustus*
    1/3 *Dimidiochromis Kiwinge*

Hier wurde die Kombination von Aquarien- und Umfelddekoration sehr gut gelöst. Durch die reichhaltige Bepflanzung außerhalb des Aquariums wird dieses wunderbar in die Wohnlandschaft integriert. Gerade die Bepflanzung im Aquarium macht dieses für den Betrachter noch interessanter.

Die hier ausgesuchten Cichliden stellen einen Vorschlag und eine Hilfe beim Einkauf dar. Natürlich kann nicht jeder Zoohändler alle diese Fische in seinem Fachgeschäft zum Verkauf anbieten. Inzwischen haben sich viele Fachgeschäfte auf Buntbarsche spezialisiert und dort finden Sie auch die entsprechende Beratung. Wer absoluter Anfänger in der Cichliden-Pflege ist, oder keine Adresse eines Fachgeschäftes kennt, kann in Aquarienvereinen oder bei der DCG - Deutsche Cichlidengesellschaft um Rat fragen. Die DCG ist heute der größte Aquaristikverein der Welt und sicherlich ist auch in Ihrer Nähe eine Arbeitsgruppe, die Ihnen weiterhelfen kann. Wenn Sie ein Fachgeschäft zum ersten Mal betreten, werden Sie von der Auswahl der dort ausgestellten Fische beeindruckt sein. Jetzt heißt es nur nicht aus der Ruhe bringen lassen, denn jeder Aquarianer neigt dazu unüberlegte Einkäufe zu machen, welche er später schnell bereuen wird. Hoffentlich haben Sie jetzt Ihre Einkaufsliste dabei, damit Sie in Ruhe auswählen können. Gehen Sie durch die Regalreihen und schauen Sie sich in aller Ruhe die Fische an, welche auf Ihrer Liste stehen. Viele der angebotenen Fische können Sie im ausgewachsenen Zustand betrachten und kaufen. Sind Sie Neuling in Sachen Cichlidenpflege, dann kaufen Sie lieber Jungtiere oder halbwüchsige Exemplare. Diese Fische wachsen im Laufe der Zeit zu einer Gemeinschaft im Aquarium zusammen. Beim Kauf von ausgewachsenen Cichliden kommt es unmittelbar nach dem Einsetzen häufig zu Machtkämpfen um das beste Revier. Hierbei sind Verletzungen durchaus keine Seltenheit. Bei aggressiven Arten kann es auch zum Töten des schwächeren Gegners kommen. Von Anfängern sollten Qualitätsnachzuchten bevorzugt gekauft werden, denn die vielen Wildfänge, die in Aquarien schwimmen sind für unser Gesellschaftsaquarium nicht brauchbar. Sie sind zu empfindlich, aggressiv und nicht an das Cichlidenfutter gewöhnt. Es bedarf schon einiger Erfahrung diese Wildfänge an ihr Leben in der Gefangenschaft zu gewöhnen.

Betrachten Sie in aller Ruhe Ihre ausgewählten Fische und lassen Sie sich dann die gewünschten Exemplare herausfangen. Fische mit stark eingefallenen Bäuchen, abgerissenen Flossen oder Warzen und sonstigen Auswüchse am Körper sollten nicht ausgewählt werden. Ebenso Fische die verkümmert und mit angelegten Flossen in einer Ecke des Verkaufsaquariums hängen, sollten lieber nicht gekauft werden. Gleichfalls muß nicht der aggressivste und zugleich farbenprächtigste Fisch im Aquarium für unser Cichliden-Gesellschaftsaquarium die beste Wahl sein. Männchen, die in „zweiter Reihe" stehen und eine tadellose Form aufweisen, sind oft die bessere Wahl. Nach relativ kurzer Zeit haben sie sich im neuen Aquarium eingewöhnt und ihre volle Farbenpracht kommt jetzt zum Ausdruck. Bei einer Aulonocara-Art, die wir seit ca. 1970 pflegen, geschieht folgendes: Innerhalb einer Woche färbt sich das zweitstärkste Männchen um, wenn man das bis dahin dominante und farbenprächtigste Tier aus der Gruppe entfernt.

In vielen seriösen Cichliden-Fachgeschäften werden Ihre soeben gekauften Fische mit Sauerstoff in eine Plastiktüte gepackt, so daß die Sauerstoffversorgung für ein paar Stunden gewährleistet wird. Damit sich das Wasser in den Tüten nicht so sehr abkühlt, empfiehlt sich das Mitbringen einer Kühltasche, welche hier als Wärmetasche verwendet wird. Dort hineingestellt bleiben auf dem Rückweg die Temperaturen in den Tüten noch lange konstant. Durch die Dunkelheit bleiben die Fische ruhig und verbrauchen weniger Sauerstoff. Da Fangen und Transport Stress für jeden Fisch bedeuten, sollten die Tiere dann so schnell wie möglich in ihr neues Aquarium umgesetzt werden. Zu Hause angekommen, wird als erstes die Tüte mit den Fischen geöffnet. Nehmen Sie einen Eimer und leeren den Inhalt der Tüte in diesen. Allerdings sollten Sie hierbei sehr vorsichtig hantieren. Zur Temperaturangleichung wird aus dem Aquarium, in welches die Fische später gesetzt werden, langsam Wasser in den Eimer gegossen. Bei unterschiedlichen Temperaturen füllen Sie den Eimer fast auf und decken ihn mit einer Glasscheibe ab. Nach ca. 30 Minuten können Sie die Fische mit dem Netz oder mit der Hand aus dem Eimer nehmen und ins Aquarium setzen. Den Inhalt des Eimers schütten Sie nicht in das Aquarium, denn so vermeiden Sie, daß Sie möglicherweise Krankheiten übertragen.

Fragen Sie unbedingt beim Händler nach, ob die Fische mit Salz gehältert wurden. Fische, die in einem stark salzhaltigen Wasser gehältert worden waren, müssen über einige Tage langsam an einen normalen Wert gewöhnt werden. Dieses Umgewöhnen geschieht am besten in einem kleineren Aquarium oder dem Quarantäne-Aquarium.

QUARANTÄNE

Jeder Aquarianer sollte es sich zur goldenen Regel machen neu hinzugekaufte Fische immer erst in ein Quarantäne-Aquarium einzusetzen. In diesem Quarantäne-Aquarium werden die Neuerwerbungen für längere Zeit beobachtet und gegebenenfalls behandelt. Wenn Sie mehrere Fische zusammen erwerben und diese als Gruppe pflegen, die nicht mit anderen Fischen zusammenkommt, dann ist es durchaus möglich auf ein spezielles Quarantäne-Aquarium zu verzichten. Werden diese Fische allerdings in ein bepflanztes Aquarium eingesetzt, ist es doch ratsam eine Quarantäne-Behandlung vorab durchzuführen. So ist das spätere Schauaquarium weitgehend von Krankheiten frei. Ein Quarantäne-Aquarium muß nicht ständig aufgebaut bleiben, sondern es kann bei Bedarf eingesetzt werden. Die Größe des Quarantäne-Aquariums muß der Größe und Menge der Fische angepaßt werden. Ein Quarantäne-Aquarium wird zweckmäßigerweise ohne Bodengrund eingerichtet. Bieten Sie den Fischen dennoch Versteckmöglichkeiten in Form von größeren Steinen an.

Auch scheinbar gesunde Fische können Krankheitserreger in sich tragen, die erst durch den verursachten Stress des Transports das Herausfangen und andere Umstände ausgelöst werden können. Wer nicht eine ausreichende Quarantänezeit einplant schleppt sich möglicherweise bei jedem Neukauf eines Fisches Parasiten in sein Aquarium ein. Für die meisten Fischarten des Malawi-Sees reichen Quarantäne-Aquarien mit etwa 100 Liter Wasserinhalt aus. Die Filterung eines Quarantäne-Aquariums sollte so ausgewählt werden, daß eine leichte Bedienung und ein problemloser Filtermassenwechsel möglich ist. Dies erscheint logisch, wenn Sie bedenken, daß Sie z. B. Aktivkohle einsetzen können, um Medikamente aus dem Aquariumwasser herauszufiltern. Während der Behandlungszeit darf dann keine Aktivkohle im Filter vorhanden sein, da sonst die Wirkung der Medikamente stark herabgesetzt wird. Beim Einsatz von Medikamenten und Chemikalien im Quarantäne-Aquarium wird logischerweise biologisches Leben im Wasser dezimiert oder völlig zerstört. So wird das biologische Gleichgewicht schnell durcheinandergebracht. Der Einsatz von Medikamenten führt auch dazu, daß sich die Wasserqualität verschlechtert. Kot und Futterreste der Fische müssen auch im Quarantäneaquarium regelmäßig abgesaugt werden. Allerdings wird man sich beim Medikamenteneinsatz auf geringe Wasserwechsel beschränken müssen.

In einem Quarantäne-Aquarium können auch keine großen biologischen Filter eingesetzt werden, da die Mikroorganismen dieser Filter durch den Medikamenteneinsatz, im besonderen Antibiotika, zerstört würden. In solchen „toten" Filter vermehren sich Fäulnisbakterien sehr schnell. Es ist deshalb zweckmäßig Schnell- und Kompaktfilter einzusetzen.

Aquarianer neigen auch dazu, mehrere Medikamente gleichzeitig im Aquarienwasser einzusetzen. Dies kann schlimme Folgen haben, denn man weiß ja nicht genau, welche Kombinationen sich da ergeben können. Es ist also sinnvoller nur ein Medikament zu verwenden und nach einigen Tagen mit Hilfe von Aktivkohle wieder herauszufiltern. Anschließend sollte ein Teilwasserwechsel stattfinden, bevor ein weiteres Medikament zum Einsatz gelangt. Nach gut einer Woche treten, wenn überhaupt, Krankheiten wie „Ichtyo" oder „Costia" auf. Erst jetzt wird mit einem Medikament behandelt. Vorbeugende Behandlungen lehnen wir grundsätzlich ab, denn durch zu starken Medikamenteneinsatz werden die Organe der Fische stark belastet.

Vor dem Einsatz eines Quarantäne-Aquariums wird dieses selbst und alle Teile die dazugehören desinfiziert. Das kann mit einem Mittel aus dem Fachhandel oder der Apotheke geschehen. Kaliumpermanganat, welches auch in kleinen Mengen in Apotheken zu bekommen ist, dient ebenfalls als gutes Desinfektionsmittel. Ein Aquarium mit 200 Litern Inhalt wird mit 4 Gramm Kaliumpermanganat für 24 Stunden desinfiziert. Während der Desinfektionszeit können Filter, Heizer und sonstiges Zubehör einfach in das Aquarium eingelegt werden. Nach 24 Stunden wird das Desinfektionswasser weggegossen und das Aquarium gründlich ausgespült. Ein so vorbereitetes Quarantäne-Aquarium bietet gute Voraussetzungen, um auftretende Krankheiten zu erkennen und rechtzeitig zu bekämpfen. Die Quarantäne-Behandlung für neuerworbene Fische sollte mindestens zwei bis vier Wochen andauern.

Erst nach diesem Zeitraum können Sie sicher sein, daß die neuerworbenen Fische gesund sind und keine Ansteckungsgefahr für die Fische in Ihrem Schauaquarium darstellen.

ALGENPROBLEME

Jeder, der schon einmal ein Aquarium besessen hat, kennt das Problem der Algenbildung. Es gibt kein eingerichtetes Aquarium, in dem Algen nicht vorkommen. Algenprobleme haben schon vielen Aquarianern, besonders Anfängern, das Hobby verdorben. Gerade wenn ein Aquarium neu eingerichtet wurde kann es zur Algenbildung kommen. Um Algenproblemen aus dem Weg zu gehen, ist eine vernünftige Planung des neu einzurichtenden Aquariums notwendig. Ist das Aquarium neu eingerichtet worden, sollte es drei Wochen ohne Fischbesatz betrieben werden. Zu Beginn werden schnellwüchsige Wasserpflanzen, wie Hornblattgewächse (*Ceratophyllum*) o. ä. in das Aquarium eingebracht. Danach werden algenfressende Fische eingesetzt. Dies sind Welsarten wie *Ancistrus, Hypostomus* oder die Siamesische Rüsselbarbe, die sich auch gegen Malawi-Cichliden durchsetzen können. Da diese Arten nachtaktiv sind, bekommen sie von dem Futter, welches tagsüber gefüttert wurde nur sehr wenig ab. Deshalb machen sie sich nachts über die Algen her. Sind nur noch wenige Algen vorhanden, müssen diese Tiere nachts durch Futtertabletten oder Futterpellets gefüttert werden. Es empfiehlt sich, mindestens einen dieser vorgenannten Welse im Aquarium zu halten. Zur Rüsselbarbe ist allerdings zu sagen, daß sie, wenn sie älter wird, sehr unverträglich werden kann und auch größere Malawi-Cichliden das Nachsehen haben.

Haben sich Pflanzen und Welse in dem neuen Aquarium

Algenprobleme können immer in einem Aquarium auftauchen, so daß das Einsetzen von algenfressenden Fischen notwendig wird.

gut eingelebt, können die ausgewählten Cichliden dazugesetzt werden. War das Aquarium bis jetzt algenfrei, kann es aber nun zu einer Algenvermehrung kommen. Wenn sich Algen bilden, muß man sich zuerst einmal fragen, ob das Aquarium auch den richtigen Standort hat. Fällt nämlich Sonnenlicht auf das Aquarium ist ein Algenbewuchs nicht abzuwenden. Steht das Aquarium an einem optimalen Standort, und es entstehen dennoch Algen, muß nach anderen Ursachen geforscht werden. Da Malawi-Cichliden überwiegend Fleischfresser (carnivor) sind, wird die Nahrung im Gegensatz zu Pflanzenfressern, die einen viel längeren Darmtrakt besitzen, schlechter verdaut. Dies hat zur Folge, daß der Kot, den diese Cichliden ausscheiden, recht nährstoffhaltig ist. Diese Nährstoffe begünstigen im Aquarium eine Algenbildung. Damit diese Abfallprodukte in Grenzen gehalten werden, ist für eine optimale Filterung und gute Sauerstoffanreicherung zu sorgen.

Dies geschieht am besten durch eine Biofilteranlage wie sie im Kapitel Filterung näher beschrieben wurde. In einer Biofilteranlage werden Abfallprodukte durch die Bakterien in relativ unschädliche Stoffe umgewandelt. Wenn auszuschließen ist, daß die Algen nicht durch zu hohe Futtergaben entstanden sind, kann die Ursache der Algenbildung eigentlich nur von der Beleuchtung ausgehen. Leuchtstoffröhren, die ausschließlich dem Pflanzenwuchs dienen, sind für Malawi-Cichlidenaquarien nicht zu empfehlen. Für unser Beispiel Aquarium, welches die Maße von 150 x 50 x 50 cm besitzt, benutzen wir eine Leuchtstoffröhre-TL weiß 36 Watt. Viele Aquarianer sind jedoch der Meinung, daß bei einem Aquarium von 150 cm Länge mindestens zwei Leuchtstoffröhren a 36 Watt benötigt werden. Wir mußten jedoch feststellen, daß eine Leuchtstoffröhre völlig ausreicht. Sie produziert genügend Licht für ein gesundes Pflanzenwachstum und für das Beobachten der Cichliden. Wenn Cichliden-Aquarien zu hell beleuchtet werden, verhalten sich die Cichliden sehr schreckhaft und flüchten meist in die wenigen dunklen Ecken des Aquariums. Sehr beliebt bei Aquarianern sind HQL-Leuchten, die eine hohe Lichtausbeute besitzen. Solche starken Leuchten sollten für ein Cichliden-Aquarium aber erst ab einer Wassertiefe von 60 cm benutzt werden, da es bei geringeren Wassertiefen zu einem starken Grünalgenbefall kommen kann.

Übermäßige Algenvermehrung zeigt uns immer an, daß mit unserer Aquariengesellschaft etwas nicht in Ordnung ist. Es ist natürlich auch entscheidend, welche Algen sich in unseren Aquarien bilden. Um dies herauszufinden beschreiben wir einige Algenarten, ihre Entstehung und die Methoden zur Bekämpfung.

GRÜNALGEN

Zu den Grünalgen gehören Fadenalgen, die wie der Name schon sagt lange grüne Fäden bilden und sich an Pflanzen und Dekorationsgegenständen festsetzen. Auch einzellige Algen gehören zu den Grünalgen. Sie trüben das Wasser und färben es grünlich, wobei man dann von eine Algenblüte spricht.

Diese Grünalgen bilden sich im Aquarium, wenn ein Nährstoffüberangebot vorhanden ist und gleichzeitig die Beleuchtung zu stark gewählt wurde. Eine Bekämpfung dieser Algenart ist relaiv einfach. Zuerst wird ein Wasserwechsel von einem Drittel des Aquarieninhaltes durchgeführt, um den Nährstoffüberschuß zu reduzieren. Gleichzeitig wird die Aquarienbeleuchtung für ca. 3 - 4 Tage ausgeschaltet. Nach diesen Tagen der Dunkelheit wird die Beleuchtung wieder in den alten Rhythmus von zwölft Stunden versetzt. Lichtbedürftige Pflanzen müssen unter Umständen während dieser Dunkelphase aus dem Aquarium genommen werden und in einem beleuchteten Aquarium zwischengehältert werden. Übrigens werden Grünalgen auch gerne von Welsen gefressen.

Algenbekämpfungsmittel auf chemischer Basis können wir nicht empfehlen, da sie auch Pflanzen und Fische schädigen können. Eine bekannte natürliche Methode zur Algenbekämpfung ist die, mit einem Bündel Gerstenstroh im Aquarienwasser. Das Bündel Gerstenstroh wird einfach für sieben Tage in das Aquarienwasser eingehängt. Diese ungewöhnliche aber wirkunsvolle Methode haben wir auch schon selbst mit Erfolg ausprobiert. Eine zweite natürliche Methode, welche auch sehr einfach ist, besteht darin, daß während der Mittagszeit das Licht für drei bis vier Stunden abgeschaltet wird.

BARTALGEN

Die Bartalgen gehören zu den Rotalgen und werden von Fischen nicht gefressen. Sie entwickeln sich gerne in starken Wasserströmungen. Sie bilden dickere Fäden als Grünalgen und sitzen am Untergrund sehr fest. Diese Algenart kann nur von Hand entfernt werden. Von Dekorationsgegenständen, die aus dem Aquarium entfernt werden, kann man sie durch ein Bad in 3%igem Wasserstoffperoxid ablösen.

PINSELALGEN

Pinselalgen gehören ebenfalls wie die Bartalgen zu den Rotalgen. Sie sind wohl die schlimmsten Vertreter ihrer Gattung und lassen sich, da sie sehr kurze Büschel bilden, nur schlecht mit der Hand entfernen. Sie sind dunkelgrün bis fast schwarz gefärbt und bilden sich auf Dekorationsmaterial und älteren Pflanzenblättern. Pinselalgen werden oft durch neue Pflanzen in ein Aquarium eingeschleppt. Werden Pinselalgen in einem Aquarium entdeckt, so sind sie sofort aus dem Aquarium zu entfernen, da sie sonst alle Dekorationsmaterialien schnell überwuchern. Eine Entfernung der Pinselalgen von Einrichtungsgegenständen ist mit der zuvor beschriebenen Methode möglich.

KIESELALGEN

Diese Algenart wächst auf dem Bodengrund und an den Scheiben. Kieselalgen sind braun-grün gefärbt und entstehen durch zu hartes Wasser bei gleichzeitig schlechter Beleuchtung. Sie lassen sich leicht mit einem groben Putztuch oder einer Rasierklinge entfernen. Bei Kieselalgenbefall ist die Beleuchtung zu verstärken oder alte Leuchtstoffröhren müssen durch neue ersetzt werden. Auch ein Teilwasserwechsel kann Abhilfe bringen.

BLAUALGEN

In einem Aquarium, in welchem sich Blaualgen bilden, ist immer mit sehr hohen Nitratwerten zu rechnen. Steigen die Nitratwerte über 100 mg/l an, beginnen Blaualgen den Bodengrund, die Pflanzen und das Dekorationsmaterial mit einem bräunlichen Algenteppich zu überziehen. Wer Blaualgen feststellt, muß sich fragen, ob er das zu pflegende Aquarium nicht doch schon eine längere Zeit vernachlässigt hat. In einem solchen Aquarium werden Pflanzen und Tiere ein kurzes Leben fristen.

KRANKHEITEN

Als engagierter Aquarianer und Züchter von Malawi-Cichliden ist man sicher bestrebt seinen Fischen eine artgerechte Umgebung zu bieten. Dies ist die erste Voraussetzung um Krankheiten zu vermeiden. Buntbarsche, die Höhlenorientiert sind und in einem Aquarium ohne Versteckmöglichkeiten gehalten werden, zeigen nicht ihre natürlichen Farben. Solche Tiere leben im Aquarium unter Dauerstress. Unterlegene Tiere, die von dominanten Männchen gejagt werden, ohne daß sie sich in eine ruhige Ecke des Aquariums zurückziehen können, werden ebenfalls auf Dauer krank werden oder an den Verletzungen der entzündeten Haut und Augen sterben. Cichliden, die Sandboden benötigen um nach Nahrung zu suchen, oder um Nester zu bauen, werden in einem Aquarium mit grobem Kies nicht ablaichen und sich auch nicht wohlfühlen. Meist kümmern solche Tiere vor sich hin und werden letztendlich krank. Um Krankheiten vorzubeugen ist es wichtig ein Aquarium so einzurichten, daß die Arten von Cichliden, welche gepflegt werden sollen, im Aquarium einen optimalen Lebensraum vorfinden.

Eine wichtige Vorbeugung gegen Krankheiten ist eine Quarantäne-Haltung. Fische, die neu in ein Aquarium einzusetzen sind, sollten vorher eine Quarantänezeit von zwei bis vier Wochen durchlaufen haben. Quarantäne bedeutet aber nicht, daß diese Tiere mit Medikamenten vollgestopft werden, sondern die Fische werden isoliert um Krankheiten zu erkennen. Ein Quarantäne-Aquarium benötigt nur solche Dimensionen, daß sich das Tier darin gut bewegen kann. Einige Steine oder ein Blumentopf als Unterschlupf reichen aus. Eine Regelheizung und ein guter Filter zur Reinigung des Wassers ist natürlich erforderlich. Auch das Quarantäne-Aquarium ist unbedingt mit einer Abdeckung zu versehen, da die Fische oft versuchen herauszuspringen. Das Quarantäne-Aquarium wird am besten an einen ruhigen Ort in der Wohnung aufgestellt, damit die Tiere ihre Ruhe finden. Haben sich nach einigen Wochen der Quarantäne keine Anzeichen einer Krankheit gezeigt, kann man davon ausgehen, daß diese Fische die anderen Fische nicht anstecken werden. Die so in Quarantäne gehaltenen Cichliden können jetzt in das vorhandene Schauaquarium umgesetzt werden. Auch neue Pflanzen und Steine dürfen nicht achtlos in ein bereits bestehendes Aquarium eingebracht werden. Auch sie können Überträger von Bakterien und Parasiten sein.

Eine gute Methode der vorbeugenden Behandlung, welches sich über Jahre bewährt hat, ist der Einsatz von Kaliumpermanganat. Für sechs Stunden werden die Dekorationsgegenstände in einer Kaliumpermanganat-Lösung eingeweicht. Am besten lassen Sie sich von Ihrem Apotheker kleine Portionen mit 4 Gramm Kaliumpermanganat abwiegen, denn soviel benötigen Sie für 10 Liter Wasser als starke Desinfektionslösung. Zum Schutz der Hände und Haut sind Handschuhe zu tragen, da die Kaliumpermanganat-Lösung eine Braunfärbung hervorruft, welche nur schwer wieder abzuwaschen ist. Die so behandelten Pflanzen und Einrichtungsgegenstände werden mit klarem Wasser abgespült und können jetzt bedenkenlos in das Aquarium gebracht werden. Die Kaliumpermanganat-Lösung hat alle Bakterien und Parasiten abgetötet. Die verbliebene Lösung kann nach der Benutzung bedenkenlos in den Abfluß gegossen werden, denn sie baut sich biologisch völlig ab. Es ist auch möglich, die Kaliumpermangnat-Lösung in den Garten zu gießen, denn die Bestandteile dieser Lösung dienen Pflanzen als Dünger. Die oben beschriebene Kaliumpermanganat-Lösung ist nicht dazu gedacht um sie direkt in das Aquarium zu geben. Sie ist ausschließlich für Pflanzen und Dekorationsmaterial außerhalb des Aquariums bestimmt.

Werden die hier beschriebenen Verfahren beherzigt, so entstehen wohl sehr wenig Probleme mit Krankheiten. Doch die Erfahrung hat gezeigt, daß viele Aquarianer aus den unterschiedlichsten Gründen sich davor scheuen ein Quarantäne-Aquarium einzurichten.

Wer Malawi-Cichliden züchten will, muß sich sehr bald schon ein zweites und drittes Aquarium einrichten, um Jungtiere und eiertragende Weibchen zu pflegen. Dies bedeutet gleichzeitig, daß es vermehrt zu einem Neukauf von Pflanzen, Fischen und Dekorationsmaterial kommt. Damit werden zwangsläufig auch Krankheiten eingeschleppt. Wenn Sie schon einen neuen Fisch kaufen und ihn in ein bereits laufendes Aquarium bringen, muß dieser Fischkauf nicht unbedacht geschehen. Sie sollten sich immer fragen, ob dieser Fisch zu den anderen Fischen paßt. Desweiteren lassen Sie sich vom Händler die neue Art genau beschreiben, um Pflegefehler zu vermeiden. Haben Sie sich für neue Fische entschieden, können Sie versuchen diese reservieren zu lassen, um Sie mehrere Tage im Fachgeschäft beobachten zu können.

Sollte dennoch eine Krankheit auftreten, nicht gleich in Panik geraten und den Fisch mit Medikamenten bombadieren. Jetzt heißt es zuerst einmal die Krankheit zu diagnostizieren. Sehr hilfreich bei der Diagnose sind Fachbücher über Fischkrankheiten, wie z. B. die beiden Bände „Gesunde Diskus und andere Cichliden". Die in diesen Büchern abgebildeten Krankheitssymptome lassen eine schnelle und sichere Diagnose zu.

Es hat sich über Jahre gezeigt, daß bei Cichliden aus dem Malawi-See einige Krankheiten häufiger auftreten als andere. Aus diesem Grunde beschreiben wir vier der am häufigsten auftretenden Krankheiten und ihre Bekämpfung.

PÜNKTCHENKRANKHEIT - ICHTYO

Die am häufigsten auftretende Krankheit bei Malawi-Cichliden ist Ichtyo. Die Ursache für diese Krankheit sind kleinste Wimperntierchen aus der Gattung Ichtyophthirius multifilies. Die Symptome dieser Krankheit sind kleine weiße Punkte auf Flossen, Haut und Kiemen. Die Pünktchen können bis zu einem Millimeter Durchmesser aufweisen. Die befallenen Fische zeigen zusätzlich eine auffallend starke Kiemenbewegung. Diese Krankheit wird anfangs kaum bemerkt, da sich nur vereinzelt Pünktchen bilden. Der Parasit hat einen Lebenszyklus von 10 - 15 Tagen, bei 23° Celsius. Die reifen Parasiten, die sich am Fisch ernährt haben, fallen nach 10 - 15 Tagen von ihrem Wirt ab und sinken in den Bodengrund. Dort vermehren sie sich sehr stark und beginnen nach zwei Tagen einen neuen Wirtsfisch zu suchen. In diesem Stadium spricht man vom sogenannten Schwärmer. In dieser Zeit lassen sich die Parasiten auch am besten abtöten.

Im Fachhandel gibt es einige Medikamente um dieser Krankheit herr zu werden. Zu sehr guten Ergebnissen führt ein Mittel, das unter der Bezeichnung FMC bei Aquarianern bekannt ist. Dieses Mittel kann man sich in jeder Apotheke zusammenmischen lassen. Es besteht aus jeweils 3,7 Gramm Methylenblau und Malachitgrünoxalat. Diese beiden Substanzen werden in einem Liter 37%iger Formaldehyd-Lösung aufgelöst. Doch dies sollte in jedem Falle ein Apotheker machen. Von dieser Speziallösung werden 1 - 1,5 ml auf 100 Liter Aquarienwasser gegeben. Über vierzehn Tage wird diese Behandlung durchgeführt, wobei jeweils nach fünf Tagen nachzudosieren ist. Selbstverständlich ist vor dem Einsatz von Medikamenten Aktivkohle aus dem Filter zu nehmen. Der Filter muß bei der Behandlung unbedingt mitlaufen, da sich auch in ihm Schwärmer befinden. Mit dieser FMC-Lösung müssen Sie sehr vorsichtig umgehen, denn ein Kontakt mit Haut, Augen und Schleimhäuten ist auf jeden Fall zu vermeiden. Kommt es dennoch zu einem Kontakt mit der Lösung, ist die betreffende Stelle unverzüglich mit viel Wasser abzuspülen.

DARMWÜRMER

Eine weitere Krankheit, die häufig bei Wildfängen auftritt, ist der Wurmbefall des Darms. Befallene Fische zeigen zu Beginn keine auffälligen Symptome. Bei starkem Wurmbefall können die Fische aufgebläht oder auch stark abgemagert sein. Die erkrankten Fische stellen sich dem Betrachter meist dunkel dar, sind sehr scheu und zeigen nicht mehr das bisherige gewohnte Verhalten. Auffällig ist auch der weiße durchsichtige Kotfaden, den die Tiere jetzt absondern. Er hat eine gallertartige Konsistenz und haftet sehr lange am Fisch. Ein so befallener Fisch muß schnellstens behandelt werden, bevor die Nieren versagen und das zum Tod führt. Wenn ein solcher Wurmbefall diagnostiziert wird und der Fisch noch Nahrung zu sich nimmt, kann er durch gezielte Behandlung mit Metronidazol gerettet werden. Hierbei haben sich zwei Verfahren zur Behandlung von Darmwürmern als geeignet herausgestellt. Das erste Verfahren ist ein Dauerbad in Metronidazol. Auch wenn nur ein Tier im Aquarium befallen ist, ist davon auszugehen, daß die anderen Tiere ebenfalls infiziert sind. Deshalb ist das gesamte Aquarium mit Metronidazol zu behandeln. Über einen Tierarzt und die Apotheke können Sie sich die Reinsubstanz Metronidazol oder das im Handel angebotene Medikament Clont verschreiben lassen. Vom Wirkstoff Metronidazol wird 1 Gramm auf 100 Liter Aquariumwasser benötigt. Das Medikament wird zuerst in einer Schüssel mit lauwarmem Wasser angerührt und dann in das Aquarium geschüttet. Die Wassertemperatur kann auf maximal 30 ° Celsius erhöht werden. Nach drei Tagen ist die Behandlung abgeschlossen und die Temperatur kann langsam wieder auf Normalwerte zurückgefahren werden. Zeigen sich nach dieser Behandlung keine Besserungen und weitere Anzeichen eines Wurmbefalls, so muß die vorher beschriebene Bahandlung wiederholt werden.

Die zweite Behandlungsmethode gegen Wurmbefall ist das Eingeben des Medikamentes durch Vermischen mit Futter. Bei dieser Methode wird 1 Gramm Metronidazol in einem Liter lauwarmem Wasser aufgelöst. Diese Lösung stellt eine Stammlösung dar. Von dieser Medikamentenlösung werden nun einige Tropfen auf das jeweilige Futter geträufelt. Sehr gut können lebende rote Mückenlarven für einige Stunden in dieser Lösung gewässert werden. Die Mückenlarven nehmen genügend Wirkstoff auf, bevor sie beginnen abzusterben. Sobald die Mückenlarven beginnen abzusterben, werden sie abgeseiht und tiefgefroren bzw. sofort an die Fische verfüttert. Mit Metronidazol präparierte rote Mückenlarven sind eine gute Möglichkeit kranke Fische, die schon einen Großteil des Futters verschmähen noch zum Fressen zu bewegen. Natürlich läßt sich die Metronidazol-Lösung auch unter den selbsthergestellten Futterbrei mischen. Das so präparierte Futter muß für zwei Wochen an die befallenen Tiere verfüttert werden. Selbstverständlich darf nicht das ganze Jahr über ein so behandeltes Futter verabreicht werden. Nur im tatsächlichen Krankheitsfall empfiehlt es sich, diese Möglichkeit auszunutzen.

Die Infektion des Darmes durch Flagellaten ist eine der häufigsten Erkrankungen bei Cichliden. Flagellaten werden für die meisten Fische erst in großer Zahl schädlich, denn in gesunden Fischen können sich die vorhandenen Darmflagellaten nicht ungehemmt vermehren. Sind die Fische jedoch durch andere Krankheiten oder durch Umweltfaktoren wie ungeeignetes ballaststoffarmes Futter oder falsche Wasserwerte geschwächt, vermehren sich die Falgellaten ins unermeßliche. Sie entziehen der Nahrung im Darm der Fische wichtige Nährstoffe, reizen die Darmschleimhaut und schwächen die Fische dadurch zusätzlich. Sind die Fische erst einmal sichtlich geschwächt, beginnen sie sich dunkel zu färben und die Nahrung zu verweigern. Flagellaten werden immer durch Fische oder Wasser aus infizierten Aquarien in das Aquarium eingeschleppt. Der häufigste Über-tragungsweg ist von den Elterntieren auf die Jungfische. *Hexamita* und *Spironucleus* sind die bekanntesten Flagellaten-Gattungen, die systematisch zur Familie *Hexamitidae* gehören. Sie können mit Metronidazol oder Hexa-ex aus dem Zoohandel bekämpft werden. Durch diese Flagellaten kommt es zu einer Auszehrung im Körper der Fische und sicher begünstigt der Mangel an Vitaminen und Mineralien die gefürchtete Lochkrankheit. Insbesondere am Kopf des Fisches treten kleine weiße Löcher auf, aus denen eine schleimartige gelblich-weiße Flüßigkeit austritt. Diese Löcher können großflächig werden und sich zu einem Entzündungsherd entwickeln. Stark befallene Tiere verweigern das Futter und magern ab. Weiter Symptome dieser Krankheit sind weißer schleimiger Kot und ein Abdunkeln der Fische. Ein überbesetzes und wenig gepflegtes Aquarium begünstigt den Ausbruch dieser Lochkrankheit. Zur Behandlungsunterstützung mit Metronidazol muß qualitativ hochwertiges Futter angeboten werden. In jedem Falle sind die Umweltbedingungen der Fische schnell zu verbessern, damit diese Krankheit überwunden wird. Rechtzeitig behandelte Fische beginnen wieder zu fressen und das Auftreten der Löcher wird beendet. Langsam beginnen die Löcher bei optimaler Ernährung wieder zuzuwachsen.

Untergasser empfiehlt in seinen Bücher „Gesunde Diskus und ander Cichliden" Band 1 und 2 eine zweimalige Anwendung von Metrodnidazol. Im Abstand von fünf Tagen um eine Abtötung der Flagelaten sicherzustellen. Wir zitieren hier Untergasser über Metronidazol:

„Metronidazol heißt der Wirkstoff, der in den Medikamenten Clont und Flagyl enthalten ist. Er wirkt auf die meisten Flagellaten-Arten hemmend, rottet sie aber nicht vollständig aus, wie häufig vermutet wird. Die Flagellaten sind lediglich geschwächt und können dann vom Immunsystem des Fisches bekämpft werden. Das funktioniert nur, wenn der Fisch kräftig genug ist. Abgemagerte oder auch nur geschwächte Fische werden nicht gesund und können die anderen Beckeninsassen wieder infizieren. Da die zweigeisseligen Flagellaten sich in den Zellen der Darmwand entzystieren können, ist bei einem Befall durch Cryptobia sp. und Bodomonas sp. die Behandlung zu wiederholen. Zur Behandlung gibt man 500 mg Metronidazol oder zwei Tabletten Clont oder Flagyl mit einem Wirkstoffgehalt von 250 mg Metronidazol auf 100 Liter Wasser. Die Anwendung kann in bepflanzten Aquarien erfolgen. Die pulverisierten Tabletten oder der Wirkstoff werden in einem Glas mit etwas lauwarmem Wasser vorgelöst. Die Lösung verteilt man gleichmäßig über die gesamte Wasseroberfläche des Aquariums. Als nächstes erhöht man die Wassertemperatur um 3 ° Celsius. Drei Tage lang wird

Zur Untersuchung können erkrankte Fische auch kurzzeitig aus dem Aquarium genommen werden. Gerade bei äußeren Erkrankungen ist es so unter Umständen einfacher eine Diagnose zu stellen.

die Behandlung durchgeführt. Dann wechselt man mindestens 30 % des Wassers und filtert das Medikament über Aktivkohle aus. Die Temperatur wird wieder auf den Normalwert zurückgestellt. Nun läßt man den Fischen fünf Tage zur Erholung. Nach dieser Zeit wird die Aktivkohle aus dem Filter genommen und die Behandlung nocheinmal mit Temperaturerhöhung durchgeführt. Auch nach der zweiten Behandlung sind Wasserwechsel und Aktivkohlefilterung notwendig. In 100 Gramm Medizinalfutter mischt man 250 mg Metronidazol oder 1 Tablette Clont bzw. Flagyl mit gleichem Wirkstoffgehalt. Man füttert sechs Tage lang morgens und abends. Obwohl Metronidazol schon seit Jahrzehnten in der Aquaristik sehr erfolgreich Verwendung findet, können negative Nebenwirkungen nicht ausgeschlossen werden. So ist es schon in ganz seltenen Fällten vorgekommen, daß durch unbekannte Reaktionen während der Behandlung alle Fische starben. Leider liegen keine Informationen darüber vor, in welchem Zustand sich die betroffenen Aquarien befanden.

BAKTERIELLE FLOSSENFÄULE

Wie es der Name schon aussagt, faulen den Fischen die Flossen langsam ab. Flossenfäule tritt meist in Aquarien auf, die schlecht gepflegt werden. Auch eine zu niedrige Wassertemperatur von nur 20 - 22 ° Celsius begünstigt die Flossenfäule. Hervorgerufen wird das Krankheitsbild durch Bakterien verschiedener Gattungen, welche die betreffenden Hautstellen befallen und zerstören. Jungfische sind in der Regel stärker betroffen als ausgewachsene Fische. Im Anfangsstadium zeigt sich an den Flossenrändern eine Trübung, die ein späteres Ausfransen der Flossen nach sich zieht. Langsam zerfällt das Gewebe zwischen den härteren Flossenstrahlen, so daß diese ein Stück über den Rand hinausragen. So lange die Flossenbasis noch nicht erreicht ist, können behandelte Flossen wieder nachwachsen. Durch die entzündeten Flossenstummel werden die Fische stark in ihrer Bewegung eingeschränkt und zudem noch von anderen Fischen attakiert. Dies führt zu Dauerstress und so kommt es zu keinem Genesungsprozeß. Oft kommt es an den Flossenenden zusätzlich zu einer Schimmelpilzbildung. Dieser Schimmelpilz beschleunigt zudem das Abfaulen der Flossen. Normalerweise ist eine Behandlung gegen Flossenfäule eine einfache Angelegenheit. Da diese Krankheit normalerweise nur in stark belastetem Wasser auftritt, kann durch eine Verbesserung der Wasserqualität durch einen Wasserwechsel erste Abhilfe geschaffen werden. Zudem gibt es im Fachhandel gute Mittel gegen Flossenfäule. Auch die Herstellung einer Stammlösung von 250 mg Acriflavinhydrochlorid mit 250 ml destilliertem Wasser ist perfekt für die Behandlung dieser Krankheit. Von der Stammlösung werden 5 ml pro 100 Liter Aquarienwasser zugegeben. Diese Menge der Stammlösung wird dreimal hintereinander in das Aquarium gegeben. Jeweils beim Nachlassen des Medikamentes wird also nachdosiert. Das Nachlassen des Medikamentes ist leicht daran zu erkennen, daß die Grünfärbung des Wassers wesentlich heller geworden ist. Nach dieser Behandlung dauert es noch einige Zeit, bis die Flossen der Fische nachgewachsen sind. In der Regel muß mit zwei bis vier Wochen gerechnet werden, bis die Fische ihr altes Aussehen wieder erlangt haben.

Wie auch bei dieser Krankheit wieder deutlich zu erkennen ist, kann sehr viel für eine Krankheitsvorbeugung durch eine gute Wasserpflege erreicht werden.

FANGEN VON FISCHEN IM EINGERICHTETEN AQUARIUM

Jeder Aquarianer, der schon einmal versucht hat aus seinem Aquarium einen Fisch herauszufangen, wird für einige Tips und Tricks dankbar sein. Gerade Buntbarsch-Liebhaber besitzen sehr große Aquarien, mit gewaltigen Steinaufbauten, die den Fang von einzelnen Fischen fast unmöglich machen. Nicht jeder Fischliebhaber möchte jedesmal das gesamte Aquarium ausräumen, um einen bestimmten Fisch fangen zu können. Schon bei der Einrichtung sogenannter Felsenlandschaften bedarf es einiger Überlegungen um, mit einfachen Mitteln das spätere Herausfangen von Fischen zu erleichtern.

An zwei Punkten in den Steinaufbauten lassen wir in der gesamten Tiefe des Aquariums einen Spalt von zwei bis drei Zentimetern frei. An diesen Stellen schieben wir bei Bedarf je eine Glasscheibe, die etwas kleiner zugeschnitten ist, als die Tiefe des Aquariums, hinein. So haben wir ohne große Mühe und Beunruhigung der Fische das Aquarium schon gedrittelt. Wer wartet, bis der gewünschte Fisch in den Teil des Aquariums mit den wenigsten Versteckmöglichkeiten geschwommen ist und dann erst die Trennscheiben einsetzt, hat schon fast gewonnen.

Eine zweite Möglichkeit besteht darin, Fische nach ihrer Nachtruhe zu fangen. Die meisten Buntbarsche, auch die, welche sonst zwischen den Felsen leben, schlafen auf dem Bodengrund. Morgens, sofort nach dem Einschalten des Lichts brauchen die Fische noch ca. 1 - 5 Minuten um aktiv zu werden. Während dieser kurzen Phase sind die meisten Buntbarsche noch so schlaftrunken, daß wir sie leicht mit zwei Keschern fangen können. Ein Netz wird von vorne auf den Fisch zugeführt und langsam in das hintere Netz hineingeschoben. Zu dieser Fangmethode muß noch gesagt werden, daß der Raum in welchem das Aquarium steht, wirklich bis zum Lichteinschalten völlig dunkel gehalten werden muß. In Räumen, in welchen langsam die Morgendämmerung aufzieht und sich die ersten Lichtstrahlen im Aquarium brechen, wachen die Fische schon viel früher auf. Als nächste Möglichkeit bietet sich das Fangen der Fische während ihrer Nachtruhe an. Nachdem die Fische ein paar Stunden geschlafen haben, können wir mit Hilfe einer Taschenlampe ins Aquarium leuchten und unseren Fisch suchen. Dann wird er mit Hilfe zweier Kescher vorsichtig gefangen. Eine Taschenlampe mit einem gebündelten Lichtstrahl ist besser geeignet, als eine mit breitem Lichtstrahl. Nehmen Sie große Netze zum Fangen Ihrer Tiere, denn mit kleinen Netzen werden die Fische nur gejagt, geraten in Panik und verletzen sich, wenn sie mit großer Geschwindigkeit gegen Steine oder die Aquarienscheibe prallen.

FUTTER

Seit Erfindung des Trocken- oder Flockenfutters in den 50er Jahren wurde die Qualität ständig verbessert. Mit den heute zur Verfügung stehenden Flockensorten können fast alle Fische ernährt und am Leben gehalten werden. Dieses Flockenfutter hat genug Ballaststoffe, Vitamine, Mineralstoffe und Spurenelemente in sich, so daß es auch wenn ausschließlich damit gefüttert wird, zu keinerlei Mangelerscheinungen der Fische kommen kann. Da dieses Futter leicht anzuwenden ist, hat es eine weite Verbreitung gefunden. Neben dem Flockenfutter gibt es auch sogenannte Cichliden-Sticks oder -Pellets sowie Futtertabletten. Da Trockenfutter im Aquarium zu quellen beginnt und bis zur dreifachen Größe seines Ursprungsvolumens annimmt, muß es entsprechend überlegt dosiert werden. Da alle Trockenfutterarten hydroskopisch - wasseranziehend sind, muß die Futterdose nach jedem Gebrauch fest verschlossen werden. Eindringende Feuchtigkeit würde das Trockenfutter sehr schnell verderben. Gute Trockenfuttersorten haben ein Verfalldatum aufgedruckt und auch die Inhaltsstoffe sind weitgehend angegeben. Mit Flockenfutter auf rein pflanzlicher Basis können sogar Tropheus-Arten gehalten werden. Farbfutter-flocken verstärken bei Zusatzfütterung die Rot- und Gelbtöne unserer Fische. Mit Tablettenfutter können gezielt bodenbewohnende Fische gefüttert werden. Jetzt gibt es sogar ein Flockenfutter auf dem deutschen Markt, welches Arzneimittel enthält, so daß erkrankte Fische gezielt mit diesem Futter behandelt werden können.

Trockenfutter enthält alle lebensnotwendigen Zusätze, so daß die wichtigsten Funktionen der Fische sichergestellt sind. Zur Verstärkung der Farbe der Fische können die Trockenfutter nicht ausreichend genug beitragen. Obwohl es spezielle Farbfutter gibt, fehlt doch den meisten Trockenfuttersorten ein entsprechend hoher Anteil an Carotinoiden. Industrielle Fertigfutter sind für die moderne Aquaristik unentbehrlich, denn ohne sie könnte die Aquaristik nicht so betrieben werden, wie sie heute in der modernen Zeit praktiziert wird. Welcher Aquarianer könnte schon über längere Zeit seinen gesamten Fischbesatz ohne Trockenfutter am Leben erhalten. Dies sollte uns aber nicht dazu verleiten, nur noch aus der Dose zu füttern. Abwechslung auf dem Speiseplan bekommt den Fischen genau so gut wie dem Menschen.

FROSTFUTTER

Ein Futter das auf dem Speiseplan unserer Malawi-Cichliden nicht fehlen sollte ist das Frost- oder Tiefkühlfutter. Mindestens drei bis viermal in der Woche ist den Fischen diese Kost anzubieten. Neben weißen und schwarzen Mückenlarven sind besonders ausgewachsene Artemia-Krebse und Krill in verschiedenen Größen das Frostfutter erster Wahl.

Leider sind rote Mückenlarven ein umstrittenes Futter. Aufgrund ihrer leuchtend roten Farbe und dem Geschmack, werden rote Mückenlarven von allen Fischen sehr gern angenommen. Da rote Mückenlarven aber oft aus verschmutzten Gewässern stammen, enthalten sie sehr viele Schadstoffe. Da unsere Gewässer fast alle bereits mehr oder weniger stark belastet sind, ist die Verwendung europäischer Mückenlarven nicht unproblematisch. Ausländische Ware aus Asien wird dagegen oft in Zuchtteichen gezüchtet. Allerdings werden auch hier die Mückenlarven zusätzlich mit belastetem Futter gefüttert. Rote Mückenlarven sind für Pflanzen und Aufwuchsfresser. Für Alles- und Fischfresser können sie bedingt verwendet werden. Auch andere Frostfutter wie Wasserflöhe und Fischeier können als Beifutter versucht werden. Zu erwerben ist dieses Frostfutter in sogenannten Blistern, wo kleine Würfel zu einer Tafel zusammengefroren werden. Günstiger für den Aquarianer mit einem größeren Fischbestand sind Tafeln mit 500 oder 1000 Gramm. Beim Kauf von Frostfutter ist darauf zu achten, daß die Tafeln nicht schon einmal angetaut waren. Gutes Frostfutter ist fast dem Lebendfutter gleichzusetzen.

UNSER FROSTFUTTERREZEPT

Eine wirkungsvolle Methode unsere Buntbarsche abwechslungsreich zu ernähren ist die Selbstherstellung von speziellen Frostfuttermischungen. Durch Vermischen verschiedener Futterarten wird so eine Fischnahrung bester Qualität erzeugt. Jeder Aquarianer kann hier kreativ sein und seine eigenen Futtermischungen zusammen-stellen. Anstelle von Spinat kann Flockenfutter auf pflanzlicher Basis genommen werden. Auch Wasserflöhe und weiße Mückenlarven können problemlos untergemischt werden. Rinderherz hat allerdings in Malawi-See-Mischfutter nichts zu suchen.

Nun hier einige unserer Futtervorschläge:

1. Vorschlag:

    1000 g Shrimps mit Schale
    500 g Erbsen oder Spinat
    50 g Vitakalk
    50 g Rosenpaprika edelsüß
    30   Tropfen Multivitamine
    Gelatine für 300 ml Wasser

2. Vorschlag:

    1000 g Bachflohkrebse
    300 g Flockenfutter auf pflanzlicher Basis
    200 g schwarze Mückenlarven
    50 g Rosenpaprika edelsüß
    50 g Vitakalk
    30   Tropfen Multivitamine
    Gelatine für 300 ml Wasser

3. Vorschlag:

    1000 g Seelachsfilet
    300 g Spinat
    200 g Wasserflöhe
    100 g schwarze Mückenlarven
    100 g weiße Mückenlarven
    50 g Rosenpaprika edelsüß
    50 g Vitakalk
    40 Tropfen Multivitamine
    Gelatine für 300 ml Wasser

Für die Herstellung dieser Futtermischungen benötigen Sie einen Fleischwolf. Zuerst sind z. B. die Shrimps mit Schale und danach die Erbsen durch den Fleischwolf zu drehen. Bei der Verwendung von Spinat wird dieser ebenfalls durchgedreht. Natürlich läßt sich auch gehackter Tiefkühlspinat verwenden. Anschließend werden die restlichen Zutaten wie Vitakalk, welches Sie im Fachhandel erhalten, Rosenpaprika und die Multivitamine dazugemischt. Diese Zutaten werden nun gründlich mit einer Gabel vermengt und zum Schluß wird die in 300 ml aufgelöste Gelatine dazugegeben. Das ganze wird nochmals gründlich vermischt und dann zu dünnen Tafeln portioniert. Dieses Portionieren kann sehr einfach in Plastikbeuteln gemacht werden. Füllen Sie dazu eine bestimmte Menge der Futtermischung in einen Plastikbeutel und drücken Sie dann die Masse zu einer dünnen Tafel. Anschließend ist die Futtertafel sofort einzufrieren. Bei Bedarf wird ein Stück abgebrochen und ins Aquarium gegeben.

Ein sehr wichtiger Punkt auf dem Weg zur erfolgreichen Haltung und Zucht von Cichliden ist das Verfüttern von Lebendfutter. Ohne Lebendfutter sind Glanztaten in der Cichliden-Zucht nicht möglich. Dieses Futter, welches wir selbst herstellen oder bedingt auch in der Natur fangen können, muß natürlich sauber und frei von Schadstoffen sein. Buntbarsche, die sich ihr Futter im Aquarium selbst erjagen müssen, sind agil, farbenprächtig und eher zur Fortpflanzung bereit.

MIKROWÜRMER

Noch viel kleiner als die beliebten Artemia-Nauplien sind die Mikrowürmer. Sie werden bis zu 1,5 mm lang und können selbst von winzigen Jungfischen gefressen werden. Mikrowürmer lassen sich leicht züchten und der Platzbedarf ist gering. Als Zuchtgefäße haben sich klare Plastikbecher von 10 - 15 cm Durchmesser und 10 - 15 cm Höhe bewährt. Zum Zuchtansatz werden vier Scheiben Roggenbrot in Wasser für eine Stunde eingeweicht. Dann wird das überschüssige Wasser abgegossen und das Brot nach dem Ausdrücken mit einem kleinen Stückchen Bäckerhefe vermengt. Diese Masse wird einige Zentimeter hoch in das Zuchtgefäß gefüllt, ohne dabei die Außenwand zu beschmieren. Aus

Die Zucht von Mikrowürmern ist nicht schwierig und deshalb zur erfolgreichen Aufzucht von kleinen Cichliden durchzuführen. Hier sind die typischen Zuchtgefäße zu sehen.

einem alten Zuchtansatz werden zwei Teelöffel Mikrowürmer in die Mitte des Behälters gegeben. Jetzt wird der Becher mit einem Deckel, der einige kleine stecknadelgroße Löcher besitzt, verschlossen, damit keine Insekten eindringen können. Nach zwei bis drei Tagen krabbeln die Mikrowürmer in ungeheuren Mengen an den Wänden des Gefäßes hoch. Mit einem Spatel oder Messer werden sie dann abgestrichen und direkt ins Aquarium gegeben. Nach ca. einer Woche hat sich das Nährsubstrat verbraucht und eine neue Mikrowurmkultur ist anzusetzen. Der Aquarianer der gleichzeitig mehrere Kulturen pflegt, verfügt immer über genügend Lebendfutter für seine kleinen Cichliden.

ARTEMIA-NAUPLIEN

Als wichtiges Erstfutter für alle Buntbarsche können Artemia-Nauplien angeboten werden. Diese Kleinstkrebschen schlüpfen aus kleinen braunen Eiern, welche im Fachhandel angeboten werden. Es ist eines der besten Lebendfutter für junge Fische. Artemia-Krebschen sind proteinreich und enthalten sehr viel Carotin. Frischgeschlüpfte Artemia-Krebschen sind nur selten tiefgekühlt erhältlich, deshalb ist es am einfachsten, selbst eine Artemia-Kultur anzusetzen. Für diesen Zweck gibt es fertige Artemia-Kulturgeräte zu kaufen. Die besten Schlupfraten sind mit solchen Kulturgeräten zu erzielen, die im Aquarium befestigt werden können. So nutzen Sie die Wärme und das Licht des Aquariums. Gerade Licht spielt eine große Rolle beim Schlüpfen der Artemia-Krebschen. Werden sie im dunklen gehalten, so sind die Schlupfraten wesentlich geringer. Natürlich können Sie sich auch selbst ein Artemia-Kulturgerät aus einer leeren sauberen Flasche fertigen. Sie benötigen eine kleine Durchlüfter-Pumpe mit Luftschlauch und einen Miniausströmer, sowie einen Korken mit Loch, durch welchen Sie den Luftschlauch führen Allerdings gibt es diese Vorrichtung selbstverständlich auch im Fachhandel zu kaufen. Für 500 ml Aquarienwasser werden zwei gestrichene Teelöffel Meersalz zugesetzt. Die Verwendung von Tafelsalz reduziert die Schlüpfergebnisse. Der Ausströmer mit dem Luftschlauch wird in der Flasche versenkt, so daß er auf dem Boden der Flasche zum Liegen kommt. Durch die Durchlüftung werden die Artemia-Eier kräftig durcheinander gewirbelt. Auf 500 ml Wasser können Sie zwei Teelöffel Artemia-Eier zusetzen. Nach dem Ansatz

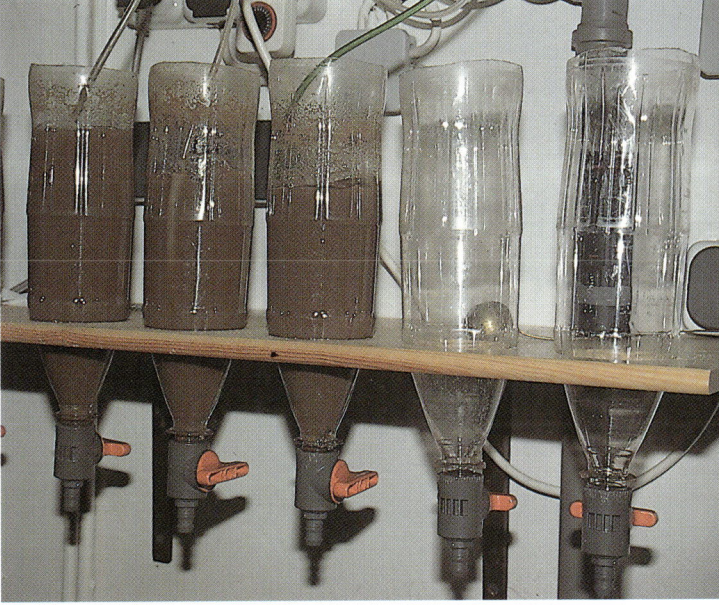

Die kleinen Artemia-Krebschen sind ein wichtiges Erstfutter für alle Cichliden. Die Zucht dieser Kleinstkrebschen ist sehr einfach und dauert nur ein bis zwei Tage. Ausgewachsene Artemia-Krebse sind ebenfalls ein sehr wertvolles Futter.

ist die Flasche für mindestens 24 Stunden warm und hell zu stellen. Um die geschlüpften Krebschen aus der Flasche abzuziehen, müssen Sie die Durchlüftung abstellen und einige Minuten warten bis sich die Eischalen an der Wasseroberfläche abgesetzt haben. Da die leeren Eischalen und ungeschlüpften Eier für die Mägen der kleinen Cichliden aber eine Gefahr darstellen, ist es günstiger sich ein Artemia-Gerät zu kaufen, welches eine Trennung von Eischalen und Krebsen besser ermöglicht. Gierig stürzen sich die kleinen Cichliden während der ersten Wochen auf dieses perfekte Lebendfutter.

Artemia-Nauplien könnten auch zu einer Größe von 10 - 12 mm herangezogen werden, jedoch ist dies sehr aufwendig. Der Kauf von gefrorenen, ausgewachsenen Artemia-Krebschen ist weitaus einfacher und effektiver. Für alle Buntbarsche sind diese größeren Krebschen ein perfektes Futter. Dieses Futter trägt erheblich zur Farbenpracht der Cichliden bei. Natürlich können Sie diese Krebse unter jedes selbstgemachte Futter mischen.

ROTE, SCHWARZE UND WEISSE MÜCKENLARVEN

Lebende Mückenlarven sind für die meisten Malawi-Cichliden nicht unbedingt das geeignete Futter. Viele Buntbarsche haben nach dem Verzehr von lebenden schwarzen Mückenlarven große Probleme. Es hat den Anschein, daß die spitzen Stacheln und das Mundwerkzeug, welches als Stech-Saugapparat ausgebildet ist, im Darmtrakt zu Schäden führt.

Rote Mückenlarven, welche in verdreckten und belasteten Gewässern leben, dürfen nicht an unsere Cichliden verfüttert werden. Bakterien und Schwermetalle werden von diesen Mückenlarven mit ihrer Nahrung aufgenommen und gespeichert. An unsere Buntbarsche verfüttert, reichern sich diese giftigen Substanzen im Fischkörper an. Da die Heimat-gewässer der Malawi-Cichliden zu den saubersten auf dieser Erde zählen, ist es nicht unbedingt die beste Art sie zu ernähren. Gut geeignet als Zusatzfutter ist dagegen die weiße Mückenlarve, welche in sauberen, stehenden Gewässern vorkommt. Ab und zu an die Fische verfüttert, wird sie die Laichbereitschaft erhöhen.

Am Rande sei noch auf ein altbekanntes Fischfutter hingewiesen, die Tubifex-Würmer. Tubifex leben im Schlamm von Abwasserkanälen und überlriechenden Bächen. Daß aus diesen Abwässern kein gutes Futter für unsere Cichliden gefangen werden kann, wird jedem Aquarianer einleuchten. Tubifex ist von Bakterien und Schwermetallen verseucht. Obwohl Tubifex vor der Verfütterung meist länger gewässert wird, ist dennoch auf ein Verfüttern für unsere Cichliden zu verzichten.

WASSERFLÖHE UND BACHFLOHKREBSE

Schon in den Anfängen der Aquaristik waren die Wasserflöhe ein beliebtes Futter unserer Fische gewesen. Mit ihrem Chitinpanzer sind Wasserflöhe, hin und wieder gefüttert, ein wertvoller Ballaststoff des Darmes, unserer Cichliden. Die Färbung der Wasserflöhe schwankt von fast durchsichtig bis kräftigrot. Je nachdem was sie gefressen haben. Gefangen werden diese Kleinkrebse im sauberen klaren Wasser oder im eigenen Gartenbereich. Leider dienen Wasserflöhe den Bandwurmlarven als Zwischenwirte. Vom Fisch gefressen entwickeln sie sich schnell und oft überlebt der Fisch diesen Parasiten nicht.

Der Bachflohkrebs ist eines der besten natürlichen Futter zur Farbverstärkung unserer Cichliden. In kühlen und klaren Bächen lebt der Bachflohkrebs zwischen Steinen und Pflanzen. Wegen seiner harten Chitinhülle wird er leider nicht gerne von Aquarienfischen gefressen. Mehrmals mit heißem Wasser überbrüht, zerkleinert und in unser Frostfutter gegeben, ist er ein empfehlenswertes Futtertier für Cichliden aus dem Malawi-See.

Bei der Fütterung ist es wichtig, daß das Futter über mehrere Rationen über den Tag verteilt wird. Besonders den Pflanzen- und Aufwuchsfressern kommt diese Verteilung der Futteraufnahme natürlich entgegen. Eine gut verteilte und ausreichende Fütterung trägt bei, daß Aggressionen im Aquarium vermindert werden.

ZUCHT UND HÄLTERUNG

Die Voraussetzung für eine gelungene Nachzucht von Malawisee-Buntbarschen besteht in der vorausgegangenen mehr oder weniger langen Aquarienhälterung unter den besten Bedingungen, die wir diesen Cichliden bieten können. Das bedeutet, daß ein gewisses Grundkonzept befolgt werden muß, um zum Erfolg zu gelangen. Im einzelnen sind dies:

1. Die richtige Aquariengröße
2. Die richtige Einrichtung
3. Das richtige Wasser
4. Das richtige Futter
5. Die richtige Vergesellschaftung
6. Optimale Filterung

Einige dieser Punkte sind bereits in diesem Buch ausführlich behandelt worden. Viele einzelne Faktoren bewirken dagegen erst im gegenseitigen Zusammenspiel, daß sich unsere Fische wohlfühlen und zur Vermehrung schreiten. Auf die Notwendigkeit einer artgerechten Ernährung ist hierbei nochmals hinzuweisen. Malawi-Cichliden erreichen im Aquarium eine deutlich größere Körperlänge als in ihrem Heimatsee. Einige Aulonocara-Arten werden in der Gefangenschaft fast doppelt so groß als ursprünglich von der Natur vorgesehen.

Das Futter, welches sie täglich von uns vorgesetzt bekommen, ist der Hauptgrund dieses Übels. Gegenüber der natürlichen Nahrung ist das Kunstfutter viel zu proteinhaltig. Dazu kommt die höhere Lebenserwartung der Fische in Gefangenschaft. Trockenfutter oder jedes andere Futter, welches zum achten Male am Tage den Fischen angeboten wird, läßt sie noch schneller wachsen und auch größer werden. So wird Fettgewebe angelagert und nach kurzer Zeit haben die Fische keine Ähnlichkeit mehr mit ihren Artgenossen im Malawi-See. Diese gemästeten Cichliden werden anfälliger für Krankheiten, werden träge und die Weibchen setzen keinen Laich mehr an. Die Folge ist, daß fortpflanzungsfähige Männchen die paarungsunwilligen Weibchen ständig belästigen und durch ihre immer größer werdende Aggressivität auch manchmal töten. Die beste Möglichkeit aus trägen überfütterten Cichliden wieder agile und gesunde fortpflanzungswillige Fische zu machen, ist die drastische Futterrationierung. Die ersten zwei Tage füttern Sie gar nichts und in der folgenden Zeit wird zweimal am Tag soviel gefüttert, daß die Fische nicht durch einen eingefallenen Bauch auffallen. Wir verzichten hier bewußt auf Aussagen wie „zweimal am Tag so viel füttern, wie in zwei Minuten gefressen wird", denn in einem Cichliden-Gesellschaftsaquarium ist immer eine Art, die empfindlicher ist und aufgrund des fehlenden Durchsetzungsvermögens verhungern würde. Bei angemessener Fütterung erhalten wir eine Gemeinschaft von natürlich aussehenden Cichliden. Richtig gefütterte Fische belasten mit ihren Ausscheidungen auch weniger das Wasser als überfütterte Fische, die noch einen Teil der Nahrung auf dem Aquarienboden liegenlassen.

Im Aquarium verteidigt selbst ein kleiner Mbuna von nur 10 cm Länge ein Revier, welches ein vielfaches seiner Körperlänge beträgt. Befinden sich nun zu viele Fische im Aquarium, kann sich keine Art richtig entfalten. An den Reviergrenzen und selbst mitten im Revier kommt es ständig zu Raufereien und Kämpfen. Durch die ständige Unruhe wird kein männlicher Cichlide Zeit finden eine Laichgrube auszuheben, ein Weibchen zu umwerben und schließlich auch noch mit ihm abzulaichen. Die Weibchen setzen bei Dauerstreß keinen Laich an. In einem solchen Fall hilft nur der Wechsel in ein größeres Aquarium, oder den Fischbesatz zu reduzieren.

Die überwiegende Anzahl der Buntbarsche liebt Höhlen, in welchen sie sich verstecken können. Diese Höhlen sind Rückzugsgebiete, die für Cichliden sehr wichtig sind. Diese Höhlen können aus Steinen oder Steinplatten im Aquarium aufgebaut werden. Günstig ist es den Aufbau so zu gestalten, daß durch die Höhlen gleich entsprechende Reviere aufgegliedert werden. Sichtbarrieren aus großen senkrecht stehenden Steinen oder Steinplatten, helfen den Frieden unter den Fischen zu bewahren. Die vielleicht größten Schwierigkeiten haben Anfänger bei der Vergesellschaftung der Cichliden. Da logischerweise nicht jeder Liebhaber gleichzeitig ein Experte sein kann, haben wir im Kapitel Fischkauf einige Beispiele aufgeführt. Bei der Auswahl der Fische ist darauf zu achten, daß nicht alle Arten den gleichen Lebensraum im Aquarium besetzen können. Nehmen Sie z. B. Fische, die das offene Wasser bevorzugen, dann passen hierzu ausgezeichnet revierbildende Cichliden die im Felsbiotop leben. Bei dieser logischen Zusammenstellung wird es später nicht

Malawi-Cichliden sind Maulbrüter, was bedeutet, daß die Weibchen die frisch abgelegten Eier sofort in das Maul aufnehmen. Durch das Aufnehmen des Samens werden die Eier dann im Kehlsack des Weibchens befruchtet und die Jungfische können sich dort entwickeln. Auf der hier gezeigten Abbildung nimmt das Weibchen gerade zwei Eier auf. Das rechts stehende Männchen ist zur Befruchtung bereit.

Rechts oben ist deutlich zu sehen, daß das Weibchen zu den Eiflecken des Männchens schwimmt und dabei den Samen aufnehmen wird. Im Kehlsack des Weibchens entwickeln sich nun die Jungfische und während dieser Zeit nehmen die Weibchen in der Regel auch keine Nahrung auf. Rechts unten ist die deutliche Ausbuchtung des Kehlsackes zu sehen, was darauf schließen läßt, daß dieses Weibchen das ganze Maul voll Jungbrut hat. Auf dem linken Bild ist das typische Schutzverhalten der Maulbrüter zu sehen. Sobald Gefahr auftaucht, können die Jungfische blitzschnell im Maul des Weibchens verschwinden, um dort Schutz zu suchen. Es ist schon beachtlich, welche Menge von Jungfischen in diesem Kehlsack Platz findet.

zu Kämpfen kommen. Trotz aller guten Vorsätze und Einhaltung der Ratschläge kommt es immer wieder vor, daß gerade die Cichliden-Art nicht ablaicht, von welcher wir Jungfische erwarten. Dafür sind einige Gründe ausschlaggebend. Die Fische werden z. B. von anderen Fischen stark unter Druck gesetzt und können sich kein eigenes Revier aneignen. Paare oder Trios vertragen sich untereinander nicht und beginnen nicht mit dem Paarungsverhalten, oder die Geschlechtspartner leben schon zu lange zusammen und haben das sexuelle Verlangen aufeinander verloren. Auch kommt es oft vor, daß die Fische noch zu jung oder schon zu alt sind. Mit den nachfolgenden Tips kann versucht werden ohne großen Aufwand Abhilfe zu schaffen.

Die Cichliden, welche Nachwuchs hervorbringen sollen, werden in einem ausreichend großen Aquarium alleine gehalten. Das Männchen oder das Weibchen wird ausgetauscht. Dabei kommt z. B. das Männchen für ca. 2 Monate in ein anderes Aquarium und wird dann nach Ablauf der Frist zurück in das Aquarium zu seinem Weibchen gesetzt. Bei zu jungen Tieren müssen wir uns in Geduld üben bis die Fische im geschlechtsreifen Alter sind. Meist nützt das Trennen der Paare um sie jetzt schnell zum Ablaichen zu bewegen. Sehr hilfreich sind auch größere Wasserwechsel. So kann z. B. im Zuchtaquarium auf einen Wasserwechsel für eine Woche verzichtet werden, um dann plötzlich die Hälfte des Wasser auszutauschen. Durch diesen Frischwasserschub kann unter Umständen sehr schnell die Laichbereitschaft herbeigeführt werden.

Auch nahrhaftes Futter wie Artemia-Krebse, Lobstereier, Cyclops und Krill bewirken einen Laichansatz und ermöglichen ein früheres Ablaichen. Laichfördernd hat sich auch der Zusatz von einem gehäuften Eßlöffel Meersalz auf 100 Liter Aquarienwasser und die Zugabe eines Multivitaminpräparates unter das Futter, erwiesen.

Sicher laichen ihre Malawi-Cichliden jetzt bald ab und nachdem das Weibchen erst einmal die Eier im Maule trägt, ist die große Hürde einer erfolgreichen Aufzucht genommen. Nach drei bis vier Tagen, vom Zeitpunkt des Ablaichens gerechnet, ist das brutpflegende Weibchen herauszufangen und in ein gesondertes Aquarium zu überführen. Natürlich müssen wir dem Weibchen in diesem Aquarium optimales Wasser bieten. Beim Herausfangen des Weibchens achten wir darauf, daß das Muttertier bereits im Netz mit Hilfe einer kleinen Schüssel

oder einem Becher aus dem Wasser genommen wird. So wird vermieden, daß das Weibchen mit seinen Eiern für kurze Zeit im trockenen liegt. Im Aufzuchtaquarium kann das Muttertier jetzt in Ruhe seine Eier ausbrüten und nach dem Freischwimmen die Jungfische noch einige Tage betreuen. Dieses natürliche Verfahren der Aufzucht macht uns die Natur seit tausenden von Jahren vor, so daß wir dem Weibchen auch nicht die Eier oder die Jungfische aus dem Maul schütteln müssen. Grundsätzlich lehnen wir ein solches Verhalten ab, denn es entspricht nicht der natürlichen Aufzucht. Wird das natürliche Brutverhalten über Generationen durch solche brutalen Eingriffe, wie das Ausschütteln der Jungfische oder Eier ausgeübt, so können die Fische dieses Verhalten verlieren und möglicherweise ihre Jungfische nicht mehr auf natürlichem Weg aufziehen. So ist es doch heute kaum noch möglich Skalare zu erwerben, die auf natürlichem Wege ihre Jungfische aufziehen. Diese Fische, über Generationen künstlich vermehrt, haben ihren Brutpflegeinstinkt verloren. Ebenfalls abzulehnen sind Eiinkubatoren oder ähnliches. Der wahre Liebhaber kann auf solche Dinge verzichten. In der Wissenschaft können zu Forschungszwecken manchmal besondere Wege eingeschlagen werden, doch in der Hobbyaquaristik ist dies ja nicht unbedingt nötig.

Doch nun zurück zu den Jungfischen. Einige Tage nach dem Freischwimmen der Jungfische oder spätestens wenn das Muttertier das Interesse an seinen Nachkommen verloren hat, werden sie mit einer Scheibe von dem Weibchen getrennt. Das Weibchen wir jetzt wieder an größer werdende Futterportionen gewöhnt und nach einem Ablauf von zwei Wochen ist es wieder stark genug, um ins Hauptaquarium gesetzt werden zu können. Grundsätzlich sollte der Züchter seine Jungfische in kleinen Aufzuchtaquarien aufziehen. Es besteht auch die Möglichkeit ein größeres Aquarium mit Hilfe von Glasscheiben zu unterteilen und bei größer werdendem Platzbedarf der Jungfische jeweils eine Trennscheibe zu entfernen. In kleinen Aquarien kann viel gezielter gefüttert werden. Jungfische, die im Futter stehen, wachsen besser als solche, die vergleichsweise in großen Aquarien erst ihr Futter suchen müssen. Die beste Möglichkeit Jungfische zu ernähren besteht darin, sie mit Mikrowürmern und Artemia-Nauplien zu füttern. Circa zwei Stunden nach jeder Fütterung sind die Reste des Futters abzusaugen, da in diesen Kleinstaquarium

In professionellen Züchtereien werden den Weibchen die Jungfische regelmäßig abgenommen. Zu diesem Zweck werden die noch nicht voll entwickelten Jungfische aus dem Kehlsack herausgeschüttelt. Das Weibchen wird zwischen Daumen und Zeigefinger festgehalten und durch leichten Druck wird es dazu bewegt, das Maul zu öffnen. Dann wird durch leichtes Schütteln erreicht, daß die Jungfische in die bereit-stehende Schüssel oder den Eimer gleiten. Für die Hobbyzucht ist dieses Verfahren abzulehnen, denn es ist doch schön und interessant, die natürliche Brutpflege zu beobachten.

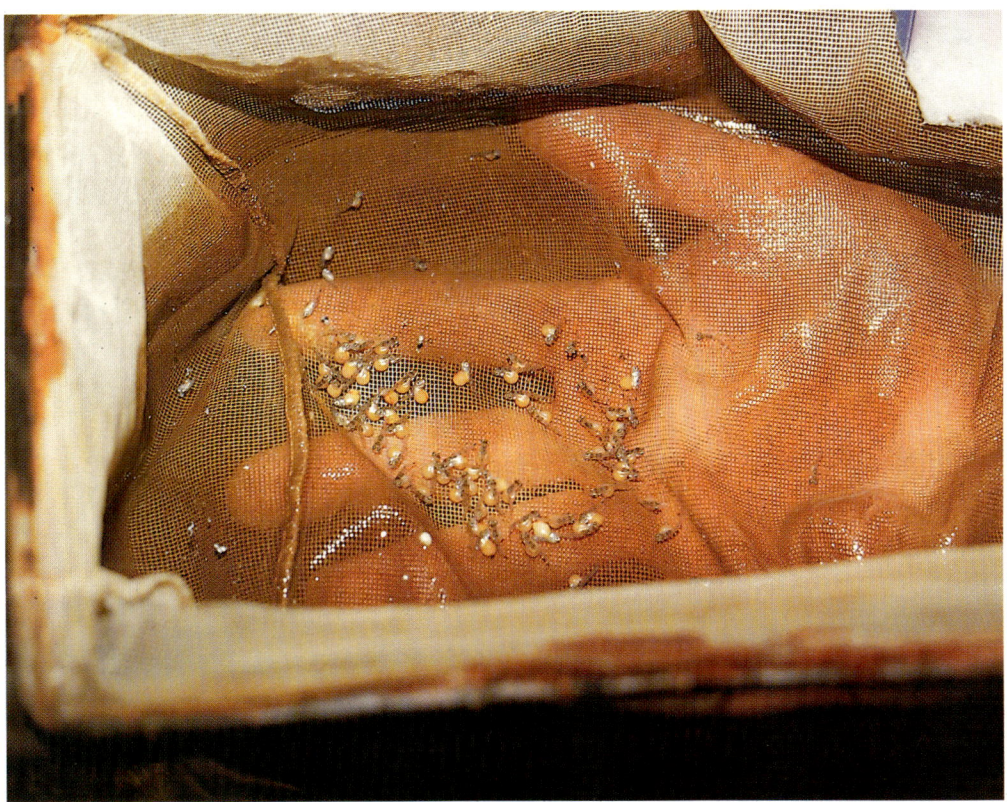

Die zwangsweise entnommenen Jungfische werden in den Großzüchtereien in feinen Netzen in größere Aquarien zur weiteren Entwicklung eingehängt. Die Jungfische tragen noch einen Dottersack, welcher sie für die nächsten Tage ernähren wird. Hier sind die kleinen Fische durch leichtes Anheben deutlich zu erkennen. Der einzige Vorteil dieser künstlichen Aufzucht ist die größere Ausbeute an Jungfischen.

das Wasser naturgemäß schneller verdirbt. Wird regelmäßig das Wasser gewechselt, wachsen die Jungfische schnell heran und bekommen bald ihre ersten Farben. Diese gesunden Fische erfreuen jeden Züchter. Was Sie bei Ihren Jungfischen in den ersten Tagen und Wochen versäumen, können Sie später niemals wieder korrigieren. Wird z. B. ein *Cyrtocara moori* in der Jugend beim Wasserwechsel vernachlässigt, so wächst dieser sonst eindrucksvolle Cichlide nicht mehr zu seiner imposanten Größe von 25 cm heran. Bedingt durch das gute Wachstum der Jungfische, muß der Züchter natürlich schneller den Jungfisch-Schwarm in größere Aufzuchtaquarien umsetzen. Dort wiederum wachsen die Jungen zügig weiter, da plötzlich mehr Lebensraum mit unbelastetem Wasser zur Verfügung steht. Nach unseren Erfahrungen hat sich folgendes Umsetzen der Nachzuchten als die beste Methode herausgestellt.

Die Jungfische werden mit etwas Wasser aus dem alten Aquarium in ein leeres und größeres Aquarium umgesetzt. Dieses Aquarium wird mit aufbereitetem Wasser aufgefüllt. Zu beachten ist, daß Fische aus Aquarien mit sehr ungünstigen Wasserwerten nicht so umgesetzt werden können. Die Verschiedenheit der beiden Wassersorten könnte sich negativ auf die Fische auswirken.

Hiermit haben wir Ihnen einige Wege aufgezeigt, um Erfolg und Freude bei der Nachzucht von Malawi-Seecichliden zu bekommen. In diesem Sinne wünschen wir Ihnen viel Erfolg bei der Zucht und Pflege und viel Spaß beim Studieren des nachfolgenden Arten-Teiles durch welchen Sie sicher einige Anregungen für den Neuerwerb Ihrer Fische bekommen werden.

ARTENTEIL

Protomelas taeniolatus

Protomelas taeniolatus ist in vielen geographischen Varianten bekannt. Diese Cichliden beschränken sich im Malawi-See auf das Felsenbiotop. Alle Männchen sind prächtig gefärbt und besitzen im Alter eine extrem

Protomelas taeniolatus

verlängerte Rücken- und Afterflosse. Sie können im Aquarium bis zu einer Größe von 16 cm heranwachsen. Die einfacher gefärbten Weibchen erreichen nicht ganz diese Größe. Die Weibchen sind an der silber bis goldenen Färbung leicht zu erkennen. Je nach Stimmung besitzen sie einen durchgehenden schwarzen Mittelstreifen.

Alle *Protomelas taeniolatus* sind relativ friedliche Cichliden, die gut im Aquarium gehalten werden können. Bei abwechslungsreicher Fütterung mit Frost- und Flockenfutter bleibt eine Vermehrung nicht aus. Fortpflanzungsfähige Männchen, denen zwei bis drei Weibchen zugegeben werden, bauen im Sand große Laichmulden, die einen Durchmesser von bis zu 40 cm erreichen können. Während der Brutstimmung ist ein *Protomelas*-Männchen durchaus imstande auch sonst dominante Mitbewohner zu verjagen.

Im Malawi-See kann man viele territoriale Männchen antreffen, die das ganze Jahr über einen Laichplatz

Protomelas fenestratus

Protomelas taeniolatus

Protomelas taeniolatus

oben auf den Felsen besetzt halten. Dorthin versuchen sie die Weibchen zu locken. Die maulbrütenden Weibchen verstecken sich zwischen den Felsen.
Ausgewachsene Weibchen geben 21 Tage nach dem Ablaichen bis zu 60 Jungfische frei. Starke Muttertiere bewachen ihre Nachkommen nach dem Freischwimmen noch zwei bis drei Wochen, dann erlischt jedoch der Brutpflegeinstinkt.

Protomelas similis

Bei *Protomelas similis* (links unten) handelt es sich um einen farbenprächtigen Cichliden, der bis zu 17 cm groß werden kann. Er ist sehr friedlich und kann deshalb bestens für eine Aquarienhaltung empfohlen werden. Während der Laichzeit erstrahlen die Männchen in einem kräftig irisierenden grünen und blauen Farbton. Die Weibchen zeigen dagegen einen schwarzen Mittelstreifen auf silbrigem Grund. Im Aquarium ist der bevorzugte Aufenthaltsort dieses Barsches die Nähe von Pflanzen, die er auch gerne einmal frißt. Um seinen Appetit auf Pflanzen im Aquarium zu zügeln ist unbedingt pflanzliche Kost, wie Erbsen und Spinat, zu reichen. Wird genügend Pflanzenkost angeboten, verzichtet er hoffentlich auf das Verspeisen der Aquarienpflanzen.
Territoriale Männchen säubern einen kleinen kreisförmigen Platz zwischen starker Bepflanzung, um hier das Laichgeschäft zu verrichten.

Protomelas similis

Protomelas fenestratus

Von *Protomelas fenestratus* sind ebenfalls wie von den anderen *Protomelas*-Arten verschiedene Standortvarianten bekannt. Männliche Tiere sind ausgesprochen farbig und wahre Schmuckstücke für ein Aquarium. Die Weibchen zeigen auf silbrigem Grund unregelmäßige schwarze Streifen. Im Aquarium sollte diese Art mit mindestens zwei bis drei Weibchen gehalten werden. Diese Fische benötigen viel freien Schwimmraum und im Hintergrund des Aquariums müssen sich Felsenaufbauten mit Versteckmöglichkeiten für die brütenden Weibchen befinden. Zur Vergesellschaftung eignen sich ruhigere Cichliden wie z. B. die *Aulonocara*-Arten. Während die Männchen durchaus eine Größe von etwa 18 cm erreichen können, bleiben die Weibchen mit nur 12 cm deutlich hinter dieser Größe zurück.

Protomelas fenestratus

Protomelas annectens

Protomelas annectens, diese Art wird überall im Malawi-See angetroffen. Die dominanten Tiere zeigen eine stark blaue Färbung. Unterlegene Männchen zeigen dagegen eine bräunlich schwarze Grundfärbung mit einem deutlich horizontalen Streifen auf der Seite. Die Männchen dieser Art erreichen eine Größe von 20 cm. Die Weibchen bleiben deutlich kleiner und können nur maximal 14 cm groß werden. *Protomelas annectens* gräbt gerne im Sediment nach Nahrung. Auf Grund seiner Seltenheit in unseren Aquarien ist über seine Zucht und Hälterung nicht allzuviel bekannt. Trotz seiner Größe ist er ein friedlicher Cichlide, der gut mit anderen friedlichen Fischen zusammen gehalten werden kann.

Protomelas annectens

Protomelas labridens

Protomelas labridens kommt im gesamten Malawi-See vor und es gibt nur geringfügige Unterschiede in der Brutfärbung der Männchen an den verschiedenen Fundorten. Die Männchen erreichen eine Größe von bis zu 17 cm, während die Weibchen nur etwa 13 cm groß werden können. Dieser Buntbarsch wird nur sporadisch im Handel angeboten und ist aus diesem Grunde auch nur selten in Aquarien der Liebhaber zu finden. Steinaufbauten im Hintergrund des Aquariums und großflächige Vallisnerien-Pflanzungen bieten diesen Cichliden ideale Aquarienverhältnisse.

Protomelas labridens

Protomelas triaenodon

Protomelas triaenodon wird hauptsächlich im Südteil des Sees gefunden. Die größte Körperlänge der Männchen beträgt 15 cm. Mit seinem Farbmuster gleicht er vielen Arten aus dem *Protomelas*-Komplex. Leider ist noch wenig über sein Verhalten und die Nahrungsbedürfnisse in Erfahrung gebracht worden.

Protomelas triaenodon

Protomelas spilonotus

Protomelas spilonotus ist ein farbenprächtiger Vertreter der Malawi-See-Cichliden und mit seiner Größe von bis zu 25 cm stellt er Ansprüche an einen entsprechenden Schwimmraum im Aquarium. Aus diesem Grunde sollte ein Aquarium für diese Art nicht weniger als 150 cm lang sein. Die Weibchen bleiben in der Größe wieder hinter den Männchen zurück und erreichen eine Größe von etwa 16 cm. Attraktiv ist die gelbe Zeichnung an der Kopfoberseite. In der Laichzeit ist das Männchen sehr ruppig und intolerant gegenüber anderen Fischen.

Um Aggressionen gegenüber den eigenen Weibchen zu mindern, sollten mindestens drei Weibchen mit einem Männchen zusammengehalten werden. Versteckmöglichkeiten für die Weibchen und unterlegene Tiere müssen reichlich vorhanden sein. Von dieser Art gibt es eine Standortvariante, die an Stelle der orangen Stirnzeichnung eine weiße Zeichnung besitzt.

Protomelas spilonotus

Stigmatochromis

Die Cichliden aus der Familie *Stigmatochromis* sind ausnahmslos Raubfische, die im Malawi-See über dem Sandboden kleine Fische jagen. Alle Arten werden ziemlich groß, so daß Aquarien mit einer Mindestlänge von 150 cm gefordert sind. Um diese *Stigmatochromis* in Brutstimmung zu versetzen müssen unbedingt lebende Fische und gefrorene Artemia-Krebse und Krill gefüttert werden.

Stigmatochromis woodi

Stigmatochromis woodi kommt im gesamten Malawi-See vor. Dort wird er auch in verschiedenen geographischen Rassen gefunden. Er erreicht eine Länge von über 30 cm und baut riesige Sandkrater, in welchen abgelaicht wird. Steinaufbauten zwischen denen sich die Weibchen gerne aufhalten müssen im Hintergrund plaziert werden, um den freien Schwimmraum im Aquarium nicht zu sehr zu verkleinern. Die Männchen bevorzugen Laichplätze in Sandregionen in der Nähe von Felsen. Dort verteidigen sie ihre großen Sandburgennester mit einem Durchmesser von bis zu einem Meter.

Stigmatochromis woodi

Stigmatochromis modestus

Stigmatochromis modestus ist ein Raubfisch, der sich besonders gerne in felsigem Gebiet aufhält. Dort führt er ein zurückgezogenes Leben und versteckt sich sehr gerne. Männliche Exemplare wachsen bis auf 25 cm heran. *S. modestus* ist ein Fischfresser, der in den dunklen Winkeln seines Biotops nach Beute jagt.

Stigmatochromis modestus

Stigmatochromis pholidophorus

Stigmatochromis pholidophorus

Der nächste Fischfresser aus der Familie *Stigmatochromis* ist *S. pholidophorus*. Die Männchen werden bis zu 18 cm groß und die Weibchen erreichen nur eine Länge von 12 cm. Um ihren Nahrungsbedarf zu decken, sind unbedingt kleine lebende Fische sowie Artemia-Krebse als Futter anzubieten. *Stigmatochromis*-Arten werden nur vereinzelt im Handel angeboten und dies ist wohl auch der Grund weshalb diese sehr interessante Art nur selten gepflegt wird. Wem es jedoch gelingt ein entsprechendes Aquarium für diese Fische anzubieten, wird sehr viel Freude an ihrer Lebhaftigkeit finden.

Aristochromis christyi

Aristochromis christyi

Aristochromis christyi ist ein beachtlicher Fischfresser, der sich auch an Aquarienbewohner bis zu 10 cm Größe schadlos hält. Alles was kleiner ist als 10 cm wird von ihm als Futtertier angesehen und ohne große Mühe verschlungen. Seine Freßgier ist fast grenzenlos und wird nur noch von seinem Durchsetzungsvermögen übertroffen. Diese riesigen, bis zu 30 cm groß werdenden Raubfische brauchen Aquarien von mindestens 500 Liter Fassungsvermögen. Vergesellschaften läßt sich dieser Cichlide nur mit wirklich großen und robusten Fischen. Mbunas mit ihm gemeinsam im Aquarium zu halten ist verkehrt. Leider sieht man es immer wieder, daß diese Fische zusammen gehältert werden. Nach und nach verschwinden die Mbunas im Magen von *Aristochromis christyi*. In der Gier nach Beute schnappt er sich manchmal auch zu große Fische, deren Schwanzflossen dann noch nach einem Tage aus seinem Maul heraushängen, bis er sie endlich hinuntergewürgt hat.

Chilotilapia rhoadesii

Chilatolapia rhoadesii

Chilotilapia rhoadesii hat sich in seinem Nahrungsbedarf spezialisiert. Er frißt Mollusken-Weichtiere und hier wiederum bevorzugt Schnecken. Dieser Cichlide ist ausgesprochen ruppig in seinem Verhalten und selbst gegenüber den eigenen Weibchen zeigt er starke Aggressionen. In einem Aquarium mit vielen Höhlen und Verstecken halten sich die Streitigkeiten jedoch in Grenzen, da jeder Fisch den Zugriffen des anderen entgehen kann. Ausgewachsen erreicht er eine Größe von 25 cm. Durch stark karotinhaltiges Futter können die Orangetöne in den Rücken- Schwanz- und Afterflossen stark betont werden. Gelingt es diese Orangetöne zu verstärken, erhält der blaue Fisch ein sehr interessantes Aussehen.

Cyrtocara moorii

Cyrtocara moorii

Cyrtocara moorii verlangt nach regelmäßigen Teilwasserwechseln, denn für sein Wohlbefinden benötigt er häufig Frischwasser. So sind jede Woche mindestens ein Drittel bis die Hälfte des Aquarieninhalts mit Frischwasser auszutauschen. Unterbleibt dieser Wasserwechsel bei halbwüchsigen Tieren, so wachsen sie nicht zu ihrer vollen Größe heran. Dieser Cichlide sollte in großen Aquarien im Schwarm gehalten werden, denn dann ist es eine Augenweide ihnen beim Schwimmen zuzusehen. Beide Geschlechter sind hellblau gefärbt und im Alter mit einem Stirnbuckel versehen. Durch diesen Stirnbuckel und eine Größe von bis zu 25 cm sehen sie sehr imposant aus. Das Weibchen brütet in seinem Kehlsack in knapp drei Wochen bis zu 60 Jungfische aus. Insgesamt gesehen ein sehr empfehlenswerter Fisch für ihr Cichliden-Aquarium.

Chilotilapia euchilus

Chilotilapia euchilus

Chilotilapia euchilus ist durch seine stark ausgeprägten dicken Lippen ein sehr auffälliger Cichlide. Leider verliert sich dieses typische Körpermerkmal während der Aquarienhaltung. Dies ist dadurch bedingt, daß er im Aquarium, entgegen zu seinem Lebensraum, keinen Algenrasen zur Verfügung hat, den er mit den Lippen abweiden muß. In diesem Algenrasen befinden sich im Malawi-See sehr viele Kleinstlebewesen, welche ihm als Nahrung dienen. Heute wird davon ausgegangen, daß dieses Abgrasen der Felsen durch die rauhe Oberfläche stimulierend auf das Wachstum der Lippen einwirkt. Die Männchen sind sehr farbenprächtig, die Weibchen hingegen zeigen nur ein einfaches Farbmuster, welches an die Weibchen von *Protomelas taeniolatus* erinnert. Mindestens zwei, besser jedoch drei Weibchen sollten dem bis zu 25 cm groß werdenden Cichliden als Aquarienpartnerinnen beigegeben werden. Tragen die Weibchen Eier oder Larven im Maul, verstecken sie sich zwischen den Felsen und bleiben alleine. *C. euchilus* wurde früher der Gattung *Cheilochromis* zugeordnet.

Sciaenochromis ahli

Sciaenochromis ahli

Ein sehr schön gefärbter Raubfisch, welcher im Malawi-See zwischen den Felsen lebt und dort kleine Fische jagt, ist *Sciaenochromis ahli*. *S. ahli* wird überall im See angetroffen. Die Männchen der nördlichen Fanggebiete besitzen mehr gelbe Flecken auf dem Körper und in den Flossen, als in den südlichen Fanggebieten. Die Männchen sind intensiv dunkelblau gefärbt und tragen eine weiße Stirnblässe. Die Durchschnittsgröße der erwachsenen Männchen liegt zwischen 10 und 16 cm. Die graubraunen Weibchen führen im Aquarium ein sehr verstecktes Leben, so daß sie eigentlich nur während der Fütterung aus ihren Verstecken kommen. Dieser friedliche Cichlide läßt sich sehr gut mit *Cyrtocara-* und *Aulonocara*-Arten vergesellschaften.

Ctenopharynx pictus

Ctenopharynx pictus

Im Malawi-See lebt *Ctenopharynx pictus* im Felsenbiotop, wo er sich von kleinen Wirbellosen ernährt. Über diesen Cichliden ist noch sehr wenig bekannt geworden. Einzelnen Aquarienbeobachtungen zufolge soll er bis zu 13 cm groß werden und sehr verträglich sein. Leider gibt es auch noch keine Berichte über das Brutverhalten. Der silbrig-glänzende Körper mit blau irisierender Färbung und den schwarzen Rückenflecken machen diesen Fisch doch zu einem interessanten Aquarienpflegling. So bleibt zu hoffen, daß er in naher Zukunft verstärkt in unseren Aquarien zu finden ist.

Trematocranus placodon

Trematocranus placodon

Obwohl *Trematocranus placodon* im gesamten Malawi-See vorkommt, wird er doch nur selten im Handel angeboten. Entsprechend selten wird er auch von Aquarianern gepflegt. Durch seine enorme Größe von bis zu 25 cm und sein ungestümes Verhalten scheidet er als Mitbewohner für friedliche Cichliden aus. Er kann nur zusammen mit robusten Fischen gehalten werden. In der Natur ist er ein spezialisierter Molluskenfresser. Im Aquarium nimmt er jedoch fast jede Ersatznahrung problemlos an.

Champsochromis spilorhynchus

Champsochromis spilorhynchus

Fische aus der Gattung *Champsochromis* sind extrem langgestreckte Tiere mit einem flachen Körper. Diese Cichliden benötigen Aquarien mit einer Kantenlänge ab zwei Metern. Das Aquarium kann überhaupt nicht lang genug sein für diese herrlichen Schwimmer. In großen Aquarien zeigen diese Tiere kaum Aggressionen gegenüber anderen Fischen. Abwechslungsreich gefüttert und ab und zu mit lebenden Futterfischen verwöhnt, zeigen sie herrliche Farben und ein interessantes Verhalten. Die Fütterung mit Futterfischen weckt ihren Jagdinstinkt und entspricht ihrer Natur. Die so gepflegten Fische bleiben agil und farbenprächtig. *C. spilorhynchus* wächst ohne Probleme bis auf eine Größe von 25 cm heran.

Tyrannochromis macrostoma

Tyrannochromis macrostoma

Ein im ausgewachsenen Zustand sehr schöner Fischfresser ist *Tyrannochromis macrostoma*, der bis zu 30 cm groß wird und natürlich ein entsprechend großes Aquarium benötigt. Mitbewohner unter 10 cm Länge werden von ihm sofort als Nahrung angesehen und verspeist. Der Körper ist blau gefärbt und unterhalb des Maules, bis hin zur Schwanzflosse zieht sich ein orangeroter Strich. Allerdings verblasst diese orangerote Färbung, wenn die dargebotene Nahrung nicht ausreichend carotinhaltig ist. Zur Laichzeit wird eine Mulde von 25 cm ausgehoben. Nach 30 Tagen werden die Jungfische vom Muttertier aus dem Maul entlassen und noch zwei bis drei Wochen betreut. Um diesen Fisch einigermaßen artgerecht halten zu können, muß das Aquarium eine Mindestlänge von zwei Metern aufweisen.

Buccochromis lepturus

Buccochromis lepturus

Aufgrund seiner Größe von 40 cm eignet sich *Buccochromis lepturus* nur für Aquarianer die Aquarien mit 1000 Litern Inhalt und mehr zur Verfügung haben. Dieser Raubfisch ist äußerst aggressiv und gierig in Bezug auf Nahrung. Für unterlegene Tiere ist es lebensnotwendig, daß sich im Aquarium genügend Verstecke befinden. Grundsätzlich sind *Buccochromis*-Arten keine Anfängerfische. Sie sollen hier aber dennoch erwähnt werden, denn es gibt ja auch Aquarianer, die es sich zur Aufgabe gemacht haben schwierigere Fische zu pflegen.

Buccochromis heterotaenia

Buccochromis heterotaenia

Für *Buccochromis heterotaenia* gilt das gleiche für *B. leptorus*. Ausdrücklich wollen wir nocheinmal davor warnen, kleine Cichliden wie Mbunas oder *Aulonocara* mit diesen Fischfressern in einem Aquarium zu halten. Auch wenn es anfangs so aussieht, als ob alles gutgehen würde, der Tag wird kommen, wo die nur 10 cm langen Fische in seinem Maul verschwunden sind. Natürlich wagen sich diese *Buccochromis* auch an größere Fische heran, die sie dann eben entsprechend langsamer hinunterwürgen.

Champsochromis caeruleus

Champsochromis caeruleus

Auch *Champsochromis caeruleus* ist ein Cichlide der problemlos 35 cm lang werden kann. Deshalb gilt auch für ihn das gleiche wie für die *Buccochromis*. Sein besonderes Merkmal sind die langausgezogenen Rücken- und Afterflossen der Männchen. Imposant sind diese Fische allemal und dem Spezialisten kann ihre Pflege nur empfohlen werden. Verbreitet sind sie im gesamten Malawisee, wo sie im offenen Gewässer, nahe Felsüberhängen und über Sandböden leben. Eines seiner Hauptfutter im See sind die Seesardinen. Ein einmaliges Merkmal dieses Cichliden ist die Verlängerung des weichstrahligen Teiles der Rücken- und Afterflossen bei den Männchen.

Fossorochromis rostratus

Fossorochromis rostratus

Fossorochromis rostratus ist ein realtiv friedlicher Cichlide von bis zu 30 cm Länge, der im gesamten See verbreitet ist. *F. rostratus* wird häufig über Sand und in seichten Regionen gesehen. Dort gräbt er im Sand und siebt diesen durch die Kiemen. Aus diesem Grunde ist im Aquarium Bodengrund als Sand angebracht, denn dieser wird von den Fischen ständig durchgekaut. Im ausgewachsenen Zustand ist er ein äußerst farbenprächtiger Fisch, der sich zudem leicht nachzüchten läßt. Bei entsprechend guter Fütterung, die natürlich abwechslungsreich sein soll und regelmäßigen Teilwasserwechseln ist die Nachzucht wirklich kein Problem. Ablaichbereite Männchen werden im Malawisee das ganze Jahr über angetroffen. In größeren Gruppen wird in der Regel auch nur ein Männchen in voller Brutfärbung angetroffen. Im Malawi-See soll *F. rostratus* von *Cyrtocara moorii* und *Protomelas annectens* verfolgt werden, welche aus den Sandmengen die *Fossorcochromis rostratus* durchgekaut hatte, immer noch Nahrung herausfiltern.

Placidochromis electra

Placidochromis electra

Ein weiterer Vertreter der Malawi-Cichliden mit blauer Grundfärbung und einem friedfertigen Verhalten ist *Placidochromis electra*. Er ist ein idealer Anfängerfisch mit 15 cm Größe, der sich sehr gut mit *Aulonocara*-Arten, wie z. B. *A. baenschi*, vergesellschaften läßt.

Viel freier Sandgrund und im Hintergrund einige Steinaufbauten kommen den Bedürfnissen der Fische sehr entgegen. Wird das Aquarium entsprechend eingerichtet beginnt dieser Cichlide sehr bald mit den Ablaichvorbereitungen. Im Aquarium wird auf Sandboden abgelaicht, dabei wird kein Nest gebaut. Die Eier werden im Maul des Weibchens befruchtet. Die Weibchen leben mit den Eiern und der Brut im Maul zurückgezogen in Felsverstecken. Wie die meisten anderen Malawicichliden benötigen die Weibchen während der Brutzeit ihre Ruhe vor Mitbewohnern, deshalb ist unbedingt auf entsprechende Versteckmöglichkeiten bei der Einrichtung zu achten. *P. electra* zeigt ein ganz typisches Farbmuster, welches ihn unverwechselbar macht.

Placidochromis milomo

Placidochromis milomo

Ebenfalls ein typischer Anfängercichlide ist *Placidochromis milomo*. Sein besonderes Merkmal sind die ausgeprägt dicken Lippen, welche er gemeinsam mit *Chilotilapia euchilus* besitzt. Die Männchen können bis zu 25 cm groß werden. Seine bevorzugte Nahrung sind Wirbellose. Er frißt sie im See auf eine interessante Weise. Die großen Lippen werden regelrecht über das Substrat gestülpt und dann wird aus diesem verschlossenen Substratteil die Beute herausgesaugt. Die charakteristische Färbung sorgt auch dafür, daß er kaum mit anderen Cichliden verwechselt werden kann. *P. milomo* kommt im gesamten Malawisee, bevorzugt jedoch im Südteil, vor. Dort sucht er den Aufwuchs auf Felsen nach Nahrung ab. Im Aquarium nimmt er problemlos Ersatznahrung an. Die Weibchen bewachen ihre freigesetzten Jungen noch für einige Zeit. Auch im Aquarium geht dieses Verhalten nicht verloren. Nutzen Sie die Gelegenheit einmal die Aufzucht solcher kleiner Cichliden zu studieren.

Placidochromis johnstoni

Placidochromis johnstoni

Placidochromis johnstoni ist ein friedlicher Cichlide, der bis zu 18 cm groß wird. Allerdings ist er sehr schwierig zu bekommen, was dazu führt, daß er nur selten im Aquarium angetroffen wird. Vergesellschaften läßt er sich auch mit *Pseudotropheus*-Arten. Aus der Erfahrung hat sich gezeigt, daß er sich auch von aggressiven Fischen nicht unterkriegen läßt. Abgelaicht wird meist in einer kleinen Mulde. Es werden aber auch ab und zu flache Schieferplatten zum Ablaichen bevorzugt. Jungtiere, bis zu einhundert an der Zahl, werden noch einige Tage nach dem Freischwimmen vom Muttertier verteidigt.

Placidochromis subocularis

Placidochromis subocularis

Ein sehr seltener Cichliden in unseren Aquarien ist *Placidochromis subocularis*. Dieser Cichlide kann ein Größe von 15 cm erreichen. Er lebt über dem Sandgrund und frißt dort Wirbellose. Über sein Verhalten im Aquarium ist nichts bekannt geworden. Es kann aber davon ausgegangen werden, daß sein Ablaichverhalten dem der meisten Malawi-Cichliden entspricht.

Naevochromis chrysogaster

Naevochromis chrysogaster erreicht eine Größe von 23 cm. Die Weibchen sind dagegen bereits mit 17 cm Größe voll ausgewachsen. Zur Brutzeit wird vom Männchen eine kleine Sandmulde zwischen den Felsen angelegt. Zu diesem Zeitpunkt verteidigt das Männchen auch stark sein Territorium. *N. chrysogaster* ist ein seltener Cichlide, von dem bisher nicht allzuviel bekannt geworden ist.

Naevochromis chrysogaster

Ad Konings ist der international anerkannte Autor für Malawicichliden. Sein Standardwerk „Das große Buch der Malawi-Cichliden" ist seit Jahren das bedeutende Buch über diese interessanten Fische. Auf über eintausend Farbbildern werden die Malawichichliden vorgestellt und ihre Merkmale und Eigenheiten erklärt. Alle Liebhaber der Malawicichliden werden begeistert sein von der Fülle der Informationen. Konings hat viele der gezeigten Fotos direkt im Biotop aufgenommen. Da er aber auch ein begeisterter Aquarianer ist, berichtet er auch über die Aquarienbedürfnisse dieser Cichliden.
ISBN 3-927 997-99-4   DM 128.-

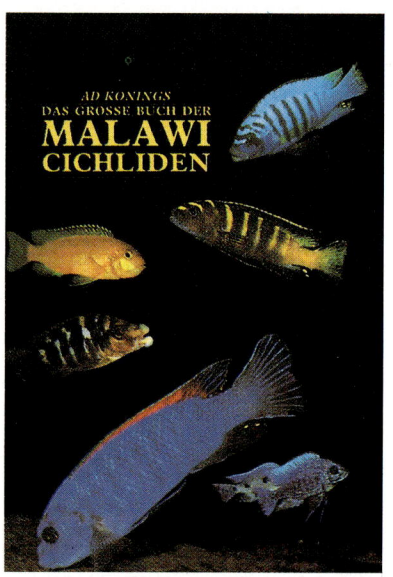

Copadichromis

Cichliden der Gattung *Copadichromis* sind friedliche, meist auch etwas empfindliche Tiere. Alle diese Buntbarsche fressen in der Nähe von Felsen Zooplankton aus dem freien Wasser. Aus diesem Grunde wurden sie auch in die sogenannte Utaka-Gruppe zusammengefaßt. Je nach Art werden diese Tiere zwischen 13 und 20 cm groß. Sie bauen Sandnester, obwohl einige Arten im Aquarium zum Ablaichen auch einfach eine flache Steinplatte benutzen. Die Aquarieneinrichtung für Utakas besteht aus Felsaufbauten im Hintergrund, viel freiem Schwimmraum im Vordergrund und Sandboden als Bodengrund. Utakas sollen nur mit friedlichen Cichliden vergesellschaftet werden. Zusammen mit aggressiven Fischen gehalten, fressen *Copadichromis* nicht mehr genügend, verkümmern und gehen schließlich ein. Ein Aquarium mit zwei Metern Länge, besetzt mit verschiedenen Utakas, hat sich als ideal erwiesen. Die Nahrung, die wir diesen Cichliden verstärkt anbieten sollten, sind lebende Wasserflöhe, Artemiakrebschen und Cyclops. Diese feinen schlanken Fische bedürfen besonderer Aufmerksamkeit bei der Fütterung. Werden die oben angeführten Regeln eingehalten, werden sie viel Freude an dieser Fischgruppe haben.

Copadichromis trimaculatus

Einer der größten Vertreter aus der Utaka-Gruppe ist *Copadichromis trimaculatus*. Er kann bis zu 23 cm groß werden. Für die erfolgreiche Pflege und Zucht müssen Aquarien mit 200 cm Kantenlänge zur Verfügung gestellt werden. Ein häufiger Teilwasserwechsel, möglichst jede Woche ein Drittel des Aquarienvolumens, ist Pflicht. Zur Zeit sind zwei Standortvarianten bekannt, bei denen sich die Weibchen in der Flossenfarbe unterscheiden. Die erste Standortvariante ist orangerot, die zweite dagegen gelb gefärbt.

Copadichromis trimaculatus

Copadichromis borleyi

Ein idealer Anfängerfisch mit friedlichem Verhalten ist *Copadichromis borleyi*. Unter Aquarienbedingungen werden diese Fische bis zu 20 cm groß. In der Natur bleiben sie ca. 5 cm kleiner. Von dieser Art existieren viele verschiedene Standortvarianten.

Copadichromis borleyi

Copadichromis chrysonotus

Dieser Cichlide aus der sogenannten Utaka-Gruppe wird bis zu 15 cm groß. Die Männchen sind in Brutstimmung herrlich blau gefärbt. Diese Tiere sind so friedfertig, daß eine große Anzahl von Weibchen mit zwei bis drei Männchen in einem Aquarium gehalten werden können.

Copadichromis chrysonotus

Copadichromis verduyni

Copadichromis verduyni

Ein Cichlide, der bisher noch relativ selten in unseren Aquarien gepflegt wird, ist *Copadichromis verduyni*. In neuerer Zeit sind einige Standortvarianten dieses Cichliden entdeckt worden, so daß auch hier darauf zu achten ist, daß man mit dem richtigen Weibchen züchtet. Männliche Tiere erreichen eine Länge von 16 cm, die Weibchen sind dagegen bereits mit 10 cm ausgewachsen. Die Männchen zeigen eine schöne blaue Brutfärbung und verteidigen ihren Laichplatz heftig gegen Artgenossen. Da diese Revierkämpfe häufig zu beobachten sind, ist bei der Aquarienhaltung die Pflege eines Männchens mit zwei bis drei Weibchen als ideal anzusehen. Sobald die Weibchen abgelaicht haben, verstecken sie sich zwischen den Felsen.

C. verduyni ernährt sich von Plankton, jedoch wird auch Aufwuchs von den Felsen gefressen. Im Aquarium nimmt dieser Cichlide die verschiedensten Ersatznahrungsarten an.

Copadichromis azureus

Copadichromis azureus

Dieser Cichlide kommt hauptsächlich um die Inseln Mbenji und Maleri vor. Angeblich sind die Männchen von den Maleri Inseln nicht so intensiv gefärbt, wie ihre Artgenossen. Ihre schwarzen Streifen im Schwanzbereich sind stärker ausgeprägt. Bei intensiver blau gefärbten Männchen sind diese schwarzen Streifen nicht mehr so ausgeprägt. *C. azureus* gehört zu den Utakas und ernährt sich bevorzugt von Plankton.

Copadichromis azureus-Männchen bauen zur Laichzeit ein halbkreisförmiges Nest in der Nähe eines Felsens oder in einer freien Aquarienecke. Maulbrütende Weibchen ziehen sich in Verstecke zurück und leben im Schatten der Felsaufbauten. Die Weibchen werden 12 cm groß, die Männchen dagegen erreichen eine Größe bis zu 18 cm.

Copadichromis virginalis Identität unsicher (C. „Fire Crest Wimpel")

Copadichromis virginalis

Der farbenprächtigste Cichlide aus der Gruppe der Utakas ist *Copadichromis virginalis*. Innerhalb dieser Art sind zahlreiche Standortvarianten bekannt. Die Männchen werden 17 cm groß, die Weibchen bleiben dagegen mit 11 cm deutlich kleiner. Die laichbereiten Männchen zeigen einen schwarzen Körper mit einem glänzenden Schimmer auf Kopf Nacken und Rückenflosse. Während der kurzen Laichsaison wandert dieser Utaka entlang der Felsen des Sees, um ein passendes Weibchen zu finden. Die Männchen bauen dann ein Sandburgennest im Schutze eines Felsen. Diese Nester werden gegen Artgenossen und andere Seebewohner heftig verteidigt. Die laichbereiten Männchen stehen etwa einen Meter über ihrem Nest und versuchen so ein ebenfalls laichbereites Weibchen anzulocken. Da dieser Cichlide nur ganz selten im Handel zu erwerben ist, muß dann mit einem hohen Kaufpreis gerechnet werden.

Copadichromis jacksoni

Copadichromis jacksoni unterscheidet sich von den meisten Utakas durch seinen länglichen Körper. Weibchen dieser Art besitzen zwei schwarze Flecken auf der Körperseite. Zur Brutzeit sind die Männchen tiefblau gefärbt und zeigen andeutungsweise schwarze Bänder, die senkrecht über den Körper verlaufen. Die Männchen werden fast 25 cm groß, während die Weibchen nur eine Durchschnittsgröße von 15 cm erreichen.

Copadichromis jacksoni

Copadichromis pleurostigmoides

Copadichromis pleurostigmoides-Männchen haben im vorderen Bereich des Körpers schwarze senkrechte Streifen, außerdem einen blauschwarzen Fleck unter dem Auge. Allerdings ist diese Zeichnung auch immer stimmungsabhängig. Dennoch können sie durch diese Merkmale mit einiger Sicherheit von anderen ähnlichen Arten unterschieden werden. Männchen erreichen eine Länge von 15 cm, die Weibchen werden dagegen nur 10 cm groß.

Copadichromis pleurostigmoides

Eclectrochromis ornatus

Electrochromis lobochilus

Electrochromis lobochilus bewohnt das Felsenbiotops des Malawi-Sees. Die Brutfärbung der Männchen zeigt nur wenig geographische Veränderungen. Die südlichen Populationen zeigen etwas mehr gelb auf der Unterseite des Körpers. Die Männchen werden bis zu 20 cm groß, die Weibchen dagegen sind bereits mit 15 cm ausgewachsen. Im Malawi-See werden diese Fische zwischen den Felsen in der Übergangszone in einer Tiefe zwischen 5 und 15 Meter gefunden. Dort sucht *E. lobochilus* seine Nahrung zwischen den Felsspalten. Die Hauptnahrung sind Insekten und Insektenlarven sowie Wirbellose, welche sich im Aufwuchs auf den Felsen versteckt halten. Im Aquarium bevorzugen die Weibchen zum Ablaichen eine Höhle. Das Männchen verteidigt während der Laichzeit diese Höhle sehr intensiv. Im Malawi-See werden brütende Männchen das ganze Jahr über gesehen. Sie verteidigen ihre Bruthöhle im Felsbiotop gegenüber ihren Artgenossen. Die Weibchen bewachen ihre Jungen nachdem sie sie aus dem Maul entlassen haben. Auf den ersten Blick ist *E. lobochilus* sehr leicht mit *E. ornatus* zu verwechseln.

Electrochromis ornatus

Electrochromis ornatus wird deutlich größer als *E. lobochilus*. 25 cm Länge sind für ausgewachsene Männchen keine Seltenheit. Auch dieser Cichlide kommt im gesamten Malawi-See vor. Die Brutfärbung der Männchen unterscheidet sich leicht je nach Herkunftsgebiet. Die Unterschiede machen sich besonders in der Gelbfärbung der Bauchseite bemerkbar. Auch *E. ornatus* bevorzugt zur Laichzeit Höhlen als Unterschlupf. In diesen Höhlen wird eine Sandmulde ausgehoben, in welcher abgelaicht wird. *E. ornatus* ist ein Räuber, der sich von Wirbellosen aber auch von kleinen Fischen ernährt. Diese Cichliden leben in kleinen Schulen von bis zu 20 Tieren im Malawi-See zusammen. Auch im Aquarium können diese Fische gut miteinander vergesellschaftet werden. Anderen, besonders kleineren Fischen gegenüber, sind diese großen Cichliden zu aggressiv, was dazu führen kann, daß sie die kleinen Mitbewohner als Futter betrachten. Aus diesem Grund dürfen diese robusten Cichliden nur mit entsprechend großen Artgenossen vergesellschaftet werden.

Eclectrochromis ornatus

Maravichromis

Maravichromis-Arten sind erst in letzter Zeit in der Aquaristik etwas bekannter geworden. Im Malawi-See leben diese Fische über Sandboden, denn sie suchen ihre Nahrung im Sand. Ständig wird der Sandboden durchgekaut, um verwertbare Nahrung zu finden. Über die Aquarienhaltung dieser schlanken Fische ist noch nicht allzuviel bekannt geworden. Zuchterfolge sind jedoch möglich, wenn Steinaufbauten, Sandböden und entsprechend große Aquarien angeboten werden. Da sie um 20 cm groß werden und schnelle Schwimmer sind, sind Aquarien mit zwei Meter Länge als ideal zu bezeichnen. Durch den hohen Futterumsatz ist auch ein regelmäßiger Teilwasserwechsel anzuraten.

Maravichromis lateristriga

Maravichromis lateristriga

Maravichromis lateristriga ist heute doch einfacher zu bekommen als noch vor wenigen Jahren. Die Männchen erreichen eine Größe von ca. 23 cm. Die Weibchen bleiben deutlich kleiner und erreichen nur eine Gesamtlänge von bis zu 13 cm. Diese Cichliden halten sich bevorzugt in flachen, bewachsenen, sandigen Regionen des Malawi-Sees auf. Aus diesem Grunde muß ihnen im Aquarium ein Sandboden angeboten werden. Auch das Einbringen von Pflanzen ist problemlos, denn in der Regel vergreifen sich diese Fische nicht an den Pflanzen. Die natürliche Nahrung besteht aus Wirbellosen, die aus dem Sand gegraben werden. Im Aquarium nimmt dieser Cichlide aber auch nach einer gewissen Eingewöhnungszeit Ersatzfutter problemlos an.

Maravichromis semipalatus

Maravichromis semipalatus

Von *Maravichromis semipalatus* gibt es bis heute nicht viel Bekanntes zu berichten, denn dieser Cichlide führt in unseren Aquarien noch ein absolutes Außenseiterdasein. *M. semipalatus* ist nur von der äußersten Nordwestküste des Malawi-Sees bekannt geworden. Er kann bis zu 18 cm groß werden. Aufgrund seines großen Maules könnte er sich von Fischen ernähren, genausogut wäre es aber denkbar, daß er Krebstiere als Hauptfutter annimmt. Unterscheiden läßt sich *M. semipalatus* von anderen Artgenossen durch den hochrückigen Körper und den abgeflachten Unterkiefer. Auffallend ist auch der kräftig dunkel gefärbte Längsstrich über den gesamten Körper bis in die Schwanzwurzel.

Maravichromis melanonotus

Ausgewachsene *Maravichromis melanonotus* Männchen erreichen eine Größe von über 25 cm, weswegen diesen Fischen größere Aquarien angeboten werden müssen, um sie einigermaßen artgerecht pflegen zu können. Im Magen von Wildfängen wurden kleine Fische und Rückstände von Schnecken gefunden. Diese Cichliden wurden auch bei der Jagd auf Jungfische in der Natur beobachtet. Aus diesem Grunde ist anzuraten, den kleineren Fischen und Jungfischen im Aquarium zahlreiche Versteckplätze anzubieten. *M. melanonotus* ist ein gieriger Fresser und durch seinen großen Futterumsatz wird das Wasser stark belastet. Aus diesem Grund ist wöchentlich mindestens ein Drittel des Aquarieninhalts zu wechseln. Der regelmäßige Wasserwechsel kommt natürlich allen Fischen im Aquarium zu Gute und er sorgt gleichzeitig für ein verstärktes Wachstum der Jungfische. Bei entsprechend großen Aquarien kann ja ein Überlaufsystem eingebaut werden, so daß der Abfluß und Zufluß von Wasser einfach vorzunehmen ist.

Maravichromis melanonotus

Maravichromis sphaerodon

Maravichromis sphaerodon

Maravichromis sphaerodon kommt im gesamten Malawi-See vor. Allerdings scheint seine Verbreitung im Südostarm des Sees geringer zu sein. Dieser schlanke, prächtige Cichlide erreicht eine maximale Länge von 20 cm. Während der Laichzeit färben sich die Männchen schön grün-blau um. Die Weibchen bleiben hingegen eintönig silber-schwarz. Die Männchen bauen kleine Sandburgennester, in welchen sie dann mit den Weibchen ablaichen. *M. sphaerodon* ist ein friedlicher Vertreter seiner Art und er ernährt sich hauptsächlich von kleinen Schnecken, die er im Sand findet. Zur Nahrungsaufnahme wird der Sand kräftig durchgekaut. Da ein Sandboden für diese Fische sehr wichtig ist, muß natürlich bei der Einrichtung eines Cichliden-Aquariums darauf geachtet werden, daß ein entsprechend hoher Sandboden eingebracht wird. Natürlich darf der Sand auch nicht zu grob sein, da es sonst zu Verletzungen an den Lippen der Fische kommen kann. Da *M. sphaerodon* sehr friedlich ist, kann er mit allen anderen friedlichen Cichliden-Arten zusammengehalten werden.

Lethrinops

In der Gattung *Lethrinops* sind noch viele Unklarheiten zu beseitigen. Einige Tiere sind noch nicht beschrieben, andere wiederum bis heute noch nicht importiert worden. Auch in der Aquarienhaltung wurden widersprüchliche Aussagen gemacht. Da die meisten *Lethrinops*-Arten den Bodengrund durchkauen, ist für die Aquarienhaltung Sandboden unentbehrlich. Je nach Art wachsen diese Fische auf eine Endgröße von 10 - 20 cm heran.

Lethrinops macracanthus

Lethrinops macracanthus

Lethrinops macracanthus wird hauptsächlich im Süden des Malawi-Sees gefunden. Dort wird dieser Cichlide häufig in größeren Tiefen von bis zu 65 Metern gefunden. Hauptnahrung sind Wirbellose. *L. macracanthus* ist eine robuste Art mit einem hochrückigen Körper.

Lethrinops furcifer, Identität des Fisches nicht geklärt.

Lethrinops furcifer

Lethrinops furcifer ist eine der größeren Arten von *Lethrinops* und erreicht eine Länge von 20 cm. *L. furcifer* lebt im Niedrigwasser über offenem Sandboden. Dort durchwühlt dieser Cichlide den Sand nach Nahrung. Brütende Männchen bauen Sandburgennester, die eine Höhe von bis zu 30 cm erreichen können. Auffallend ist der runde Kopf und die dunkelblaue Bänderung des Körpers.

Dimidiochromis compressiceps

Dimidiochromis compressiceps

Dimidiochromis compressiceps wird im gesamten Malawi-See, sowie im Malombe-See gefunden. Auffallend ist, daß sowohl Weibchen als auch Männchen, die nicht in Laichstimmung sind, im Bereich der Insel Chizumulo eine goldgelbe Färbung aufweisen. Im Gegensatz zu den anderen bekannten Populationen, die silberfarben erscheinen. Er lebt in den weit-ausgedehnten Pflanzenfeldern über Sandboden, auf welchem vereinzelt Felsbrocken liegen. Dort lauert er in einer typischen Kopfüber-Position auf seine Beute. Die dunkle Färbung, beginnend oberhalb des Maules bis hin zum Rücken, bietet ihm dabei eine perfekte Tarnung, so daß es ihm gelingt, kleinere Fische zu erbeuten. Durch seinen seitlich stark abgeflachten Körper ist er von vorne, zwischen den Pflanzenstengeln und Blättern lauernd, fast nicht zu erkennen. In den Jagdgebieten von *D. compressiceps* leben zahlreiche Jungfische, besonders mehrere Arten von Utaka. Dort finden sich die Jungfische zu großen Schwärmen zusammen, denn im seichten Wasser finden sie reichlich Plankton als Nahrung. Naturgemäß ist dieses Gebiet dann auch für viele Raubfische ein ideales Revier um auf Jagd zu gehen. So nutzt auch *D. compressiceps* diese Tatsache und geht dort erfolgreich getarnt auf Nahrungssuche.

Männliche Tiere werden ausgewachsen bis zu 25 cm groß, während die Weibchen mit nur 15 cm Länge deutlich hinter den Männchen zurückbleiben. Zur Brutzeit bauen territoriale Männchen Laichplätze in den Sand. Die Weibchen, welche einzeln leben, werden umworben und zum Nest geführt. Dort kommt es dann zur Eiablage. Die maulbrütenden Weibchen leben alleine und entlassen ihre Nachkommen in das Pflanzengewirr der flachen Buchten. Die einzigartige Form von *D. compressiceps* garantiert, daß er kaum mit anderen Arten verwechselt werden kann.

Dimidiochromis kiwinge

Dimidiochromis kiwinge

Dimidiochromis kiwinge kommt ebenfalls im gesamten Malawi-See und im Malombe-See vor. Die typische Brutfärbung der Männchen ist im gesamten See gleich. Die Männchen erreichen eine gewaltige Länge von über 30 cm und die Weibchen stehen ihren Männchen fast nicht nach, denn sie erreichen ebenfalls 27 cm als Höchstmaß. Obwohl diese Größe darauf schließen ließe, daß die Fische in tieferem Wasser leben, ist es bei *D. kiwinge* doch so, daß sie häufig in seichtem Wasser gefunden werden. Sie bilden kleine Gruppen und gehen als Raubfische natürlich auf Jagd nach Kleinfischen. Es wurde beobachtet, daß diese Jagd nach Fischen in Gruppen durchgeführt wird, so daß die verfolgte Beute kaum eine Chance hat zu entkommen. Wenn Sand als Bodengrund im Aquarium geboten wird, bauen sie ebenfalls wie im Malawi-See ein großes Sandburgennest. Die Jungfische werden von den maulbrütenden Weibchen mindestens noch drei Wochen nach dem Freisetzen versorgt.

Für die Pflege ausgewachsener Exemplare kommen Aquarien mit einer Mindestgröße von 200 cm Länge in Frage. Natürlich dürfen bei diesen aggressiven Fischen Steinaufbauten mit ausreichend Versteckplätzen nicht fehlen. Noch ist dieser imposante Cichlide recht selten in unseren Aquarien anzutreffen, dennoch kann seine Pflege mit anderen robusten Arten zusammen sehr empfohlen werden. Die imposante blaue Färbung, sowie die orangefarbenen Flecken auf den Schuppen machen den Fisch zu einem Schaustück im Aquarium.

ALLGEMEINES ZU AULONOCARA-KAISERBUNTBARSCHEN

Zur Zeit sind etwa 70 verschiedene *Aulonocara*-Arten bekannt. Eingeteilt werden sie in zwei Gruppen. Zum einen die Sand-*Aulonocara* und zum zweiten die *Fels-Aulonocara*. Letztere Gruppe wollen wir etwas näher betrachten. Die felsenbewohnenden Kaiserbuntbarsche bevölkern die Übergangszone zwischen Felsen und Sandgrund in Tiefen, die zwischen wenigen Metern und bis zu 40 Metern reichen. Revierverteidigende Männchen bevorzugen Spalten und Höhlen zwischen den Felsen. Weibchen und auch unterlegene Männchen halten sich meist über der nahen Sandfläche auf. Felsen-*Aulonocara* ernähren sich in der Natur hauptsächlich von Insektenlarven und Weichtieren, die aus dem Sand gegraben werden. Charakteristisch ist das Sammeln dieser Wirbellosen für alle *Aulonocara*-Arten. Die Beute wird mit Hilfe von vergrößerten Nervengruben, welche am Kopf sitzen, lokalisiert. Der Fisch lauert direkt über dem Substrat und bewegt dabei nicht einmal seine Flossen. Er wartet jetzt auf eine schwache Bewegung der Beute, welche er durch seine empfindlichen Hörorgane wahrnehmen kann. Ist die Beute lokalisiert, folgt ein plötzlicher Biß in den Sand und schon ist das Beutetier gefangen.

Kaiserbuntbarsche werden in Gefangenschaft deutlich größer als in Freiheit. Dies ist sicher darauf zurückzuführen, daß die Versorgung mit Nahrung im Aquarium besser funktioniert. Für eine Gruppe von einem Männchen und zwei bis drei Weibchen genügen schon Aquarien mit einem Meter Länge. Feiner Sand ist neben Steinaufbauten unbedingt erforderlich. Weibchen, die Jungfische im Maul tragen, benötigen kleine Höhlen, welche im Felsenteil des Aquariums im oberen Drittel eingeplant werden sollten. Dort haben sie relativ viel Ruhe vor den Nachstellungen der Männchen, die eine größere Höhle im Bereich des Bodengrundes bevorzugen. Mit Kaiserbuntbarschen sollten nur ruhige und friedliche Fische vergesellschaftet werden. Alle Kaiserbuntbarsche kreuzen sich untereinander. Deshalb ist bei gemeinsamer Pflege von verschiedenen *Aulonocara*-Arten äußerste Vorsicht bei der Aufzucht von Jungfischen geboten. Leider sind schon viel zu häufig Bastarde im Handel aufgetaucht. Achten Sie beim Neukauf von Kaiserbuntbarschen auf echte reine Arten.

Aulonocara jacobfreibergi

Aulonocara jacobfreibergi

Aulonocara jacobfreibergi lebt in großen Höhlen und Spalten der Felsen versteckt. Nur sehr selten sind sie im Freiwasser anzutreffen. *A. jacobfreibergi* ist ein sehr reviertreuer Cichlide und so konnten viele geographische Unterrassen gebildet werden, die sich nur in der Brutfärbung der Männchen unterscheiden. Dieser äußerst farbenprächtige Cichlide wächst bis auf eine Größe von 12 cm heran, jedoch bleiben die im Aquarium unterdrückten Männchen deutlich kleiner. Die dominierenden Männchen verhindern, daß sich ein zweites Männchen ausfärbt. Die Standortvarianten variieren in den Gelb- und Rottönen. Untereinander ist diese Art leider sehr aggressiv. Die Männchen in Laichstimmung bilden Reviere mit Höhlen, die sie besetzt halten. Ideal sind Höhlen über dem Sandbodengrund, denn dann können in diesen Höhlen die Weibchen ablaichen. Ein richtiges Nest wird jedoch zum Ablaichen nicht gebaut. Die Nahrung setzt sich aus vielen kleinen Wirbellosen zusammen, die im Sand leben.

Aulonocara hansbaenschi

Dieser *Aulonocara* ist nur schwer im Fachhandel zu bekommen. Im Aquarium erreicht er eine Größe von 10 - 12 cm. Die Einrichtung im Aquarium sollte mit Sandboden und Felsaufbauten vorgenommen werden. Die Männchen tragen während des gesamten Jahres die Brutfärbung und bilden ein Revier um eine Höhle. Überhaupt spielen Höhlen für diese Fische eine besonders wichtige Rolle, weswegen unbedingt im Aquarium mehrere Höhlen angeboten werden müssen.

Aulonocara hansbaenschi

Aulonocara maylandi

Aulonocara maylandi wurde als Schwefelkopf-buntbarsch eingeführt. Diese Art fällt durch die gelbe Stirnzeichnung der Männchen sofort auf. Auch die Rückenflosse ziert ein gelber Saum, welcher die Fische noch attraktiver macht. Es handelt sich bei dieser *Aulonocara*-Art um eine Standortvariante, von welcher die Männchen eine Länge von etwa 10 cm erreichen und die Weibchen auf 8 cm heranwachsen. Auch *A. maylandi* wird hauptsächlich über Sandboden in der Nähe des Felsenriffs beobachtet. Die Durchschnittstiefe in diesem Bereich beträgt etwa 15 Meter. Die Männchen verteidigen dort ihre Reviere unter den großen Felsen sehr stark. Sie stehen dort vor den Eingängen ihrer Bruthöhle und versuchen ein Weibchen in das Nest zu locken. In der Aquarienhaltung ist *A. maylandi* etwas schwieriger, denn diese Art gilt unter Aquarianern als empfindlich und problematisch. Somit sollte sie Aquarianern vorbehalten bleiben, welche sich in der Pflege von Malawi-Cichliden schon etwas auskennen.

Aulonocara maylandi

Aulonocara walteri

Aulonocara walteri wird im Bereich der Inseln Likoma und Chizumulu gefunden. Leider wird dieser schöne Cichlide, dessen langausgezogene Rücken-, Schwanz- und Afterflossen hellblau gesäumt sind, nur selten importiert. Im Aquarium kann er eine Größe von bis zu 15 cm erreichen. Gelingt es diese schönen Cichliden zu erwerben, dann sollten mindestens zwei, besser drei Weibchen für ein Männchen angeschafft werden. Durch die Anzahl von zwei bis drei Weibchen wird der Aggressionsdruck auf ein einzelnes Weibchen stark vermindert.

A. jacobfreibergi ist der nächste Verwandte von *A. walteri* und unterscheidet sich wie auf vorausgegangener Abbildung zu ersehen, durch die gelb-orange Färbung. In großen Höhlen des Malawi-Sees können mehrere Männchen ein Revier beziehen, welches sie auch gegen Artgenossen verteidigen. Auch mehrere Weibchen können in solchen großen Höhlen zugegen sein. Das Ablaichen findet entweder auf dem Sand des Höhlenbodens oder in einer Felsnische der Höhle statt. Dabei bevorzugt das stärkste Männchen den höchsten Platz in der Höhle.

Aulonocara walteri

Aulonocara baenschi

Aulonocara baenschi

Aulonocara baenschi ist ein etwas empfindlicherer Kaiserbuntbarsch mit auffallend schön gefärbtem Körper. Die Farbe Gelb ist hier dominant und wird durch blaue Flecken besonders im Kopfbereich sowie blaue Rückenflossenspitzen schön ergänzt. Da meist die Farbe Blau bei den *Aulonocara*-Arten die Hauptfarbe darstellt, ist dieser gelbe Kaiserbuntbarsch schon ein kräftiger Farbtupfer für das Aquarium. Allerdings existieren von dieser Art einige Standortvarianten, so daß die Identifizierung der einzelnen Arten ohne Angaben des Fangortes nicht möglich ist. Die natürliche Größe der Männchen liegt im See bei etwa 9 cm. Im Aquarium werden diese Kaiserbuntbarsche jedoch größer und so können Männchen ohne weiteres bis auf 12 cm

Gesamtlänge heranwachsen. Der natürliche Lebensraum ist geprägt durch feinen Sandboden und Felsenriffe. Dieser Sandboden spielt bei der Nahrungsaufnahme wieder eine entscheidende Rolle, denn wie bei allen *Aulonocara*-Arten wird die Beute im Sand lokalisiert und dann regelrecht aus dem Sand herausgekaut.

Die Männchen tragen das ganze Jahr über ihre Brutfärbung und bilden ein Revier um eine Höhle. Die Weibchen kommen meist in kleinen Gruppen vor, sondern sich aber mit ihrer Brut dann ab.

A. baenschi ähnelt sehr dem gelben Kaiserbarsch, unterscheidet sich von diesem aber durch eine rundere Kopfform und dem etwas flacheren Körper.

Aulonocara baenschi

Aulonocara hueseri

Aulonocara hueseri ist in der Nähe der Insel
Likoma beheimatet und wird deshalb auch als
Likoma-Kaiserbarsch angeboten. Obwohl in
der Natur die Männchen nur 10 cm groß
werden, können Aquarienexemplare bei
optimaler Hälterung bis auf eine Gesamtlänge
von 15 cm heranwachsen. Die Weibchen
bleiben deutlich kleiner und zeigen nur eine
unscheinbar grau-braune Körperfärbung.
Diese Cichliden leben über dem Sandboden
der Übergangszone und bevorzugen eine
Wassertiefe von 5 - 10 Metern. Die Männchen
verteidigen ihre Reviere, zwischen den flachen
Felsen der Sandzone, die nur etwa einen
Meter im Durchmesser betragen, heftig. Oft
sind diese Plätze groß genug um einer Vielzahl
von Weibchen die Möglichkeit zu geben
ebenfalls dort zu leben. Im Alter zeigt *A.
hueseri* eine auffällige Blau- Gelbfärbung. Die
lang ausgezogene Rückenflosse der Männchen ist schwarzweiß gesäumt, was diesem
Cichliden ein interessantes Aussehen verleiht.
Die maulbrütenden Weibchen verstecken sich
gerne zwischen den Felsspalten der Aquarieneinrichtung. Deshalb sollte dies bei der
Einrichtung des Aquariums beachtet werden.

Aulonocara hueseri

Aulonocara korneliae

Aulonocara korneliae

Aulonocara korneliae wurde im Jahre 1987 erstmals beschrieben. Gefangen wird dieser Kaiserbuntbarsch in

etwa 15 Metern Tiefe bei der Insel Chisumulu. Obwohl diese Kaiserbuntbarsche im Aquarium bis zu 15 cm groß werden können, erreichen sie im Malawi-See nur eine Maximallänge von 10 cm. Hier ist wieder deutlich festzustellen, daß die optimale Versorgung im Aquarium dazu führt, daß die in Gefangenschaft lebenden Fische deutlich größer und auch älter werden als in der Natur. Auffällig an erwachsenen männlichen *A. korneliae* ist die blaugoldene Körperfärbung und der hellblaue Saum der Rückenflosse. Das Verhalten und die Zucht unterscheiden sich nicht von den anderen *Aulonocara*-Arten. Die Männchen verteidigen ihre Reviere zwischen den Felsen auf Sandboden. Die Weibchen sammeln sich in Gruppen, die ohne weiteres zwanzig und mehr Tiere zählen können.

Aulonocara saulosi

Aulonocara saulosi

Aulonocara saulosi ist einigermaßen selten in den Aquarien der Liebhaber zu finden. Dieser insgesamt düster erscheinende Cichlide erreicht eine Länge von 13 cm. Die dominierenden Männchen sind braun-blau gefärbt. Im Malawi-See wird er an der Ostküste bei

Masinje und um die Insel Likoma gefangen. Interessant ist eine farbliche Unterscheidung dieser beiden Fangvarianten. Die Männchen, welche um die Insel Likoma gefangen werden, zeigen eine grünliche Kopffärbung während bei den Masinje-Männchen der Kopf deutlich kräftig blau gefärbt ist. Normalerweise haben alle *Aulonocara* ein festes Revier im Malawi-See. Anders ist es bei *A. saulosi,* denn die Männchen dieser Art sind nicht reviergebunden und suchen ununterbrochen über den Sandgebieten zwischen den Felsen nach Nahrung. Die Weibchen sind in ihrem natürlichen Lebensraum kräftig dunkelbraun gefärbt und so deutlich von den Männchen zu unterscheiden. Das Ablaichen im See erscheint mehr vom zufälligen Aufeinandertreffen eines laichwilligen Weibchens mit einem Männchen zu sein. Im Aquarium kommt es dagegen zu dem für *Aulonocara* typischen Ablaichverhalten.

Aulonocara stuartgranti

Aulonocara stuartgranti kommt entlang der ganzen Küste zwischen Chizi Point und Ngara vor. Von dieser Art sind viele verschiedene Populationen bekannt, bei welchen sich die Männchen in der Brutfärbung unterscheiden. Je nach Herkunftsgebiet variieren die Männchen von starkem Blau bis hin zu intensivem Gelb (gelbe Form als Aulonocara steveni beschrieben). Auch alle Zwischenfarben sind möglich. Wie auf unserer Abbildung ersichtlich ist hier in der Körpermitte Gelb die dominante Farbe, während der Kopf und Schwanzflossenbereich deutlich von Blau beherrscht wird. Es ist deshalb in der Aquarienhaltung darauf zu achten, daß nicht mit falschen Weibchen gezüchtet wird, denn sonst kommt es schnell zu Farbvermischungen. Die Weibchen bleiben größenmäßig zwei bis drei Zentimeter hinter den zwölf Zentimeter großen Männchen im Wachstum zurück. Die Weibchen sind sehr scheu und suchen im Sand entlang der Felsenverstecke nach Nahrung. Sobald sie gestört werden ziehen sie sich zwischen die Felsen, welche ihnen Schutz bieten, zurück. Die Männchen verteidigen ihre Reviere zwischen den Felsen sehr stark. In der Natur bevorzugen die Männchen Reviere unter überhängenden Felsen, mit darunterliegendem Sandboden. Im Aquarium lassen sich solche Felsüberhänge mit entsprechender Geduld nachbilden.

Aulonocara stuartgranti

Aulonocara stuartgranti/steveni m.

Hemitaeniochromis urotaenia

Hemitaeniochromis urotaenia

Hemitaeniochromis urotaenia ist schwierig zu bekommen. Faszinierend ist seine Körperform und Beflossung sowie die Zeichnung. *H. urotaenia* ist ein typischer Fischfresser, welcher in der Übergangszone lebt und dort Jagd auf kleine Cichliden macht. Natürlich versucht er auch im Aquarium Jagd auf kleinere Fische zu machen. Dies ist bei der Besetzung des Aquariums zu beachten. Da *H. urotaenia* ein schneller Schwimmer ist, sind Aquarien mit einer Mindestlänge von 1,50 m für ihn die richtige Behausung. Im vorderen Teil des Aquariums ist ein entsprechend großer Schwimmraum einzuplanen. Die Männchen sind während der Laichzeit territorial und beanspruchen bedingungslos ihr Gebiet gegenüber den Mitbewohnern. Diese Aggressivität kann nur durch ein großes Aquarium in einem vernünftigen Maß gehalten werden.

Otopharynx lithobates

zeigen verschiedene Brutfärbungen was die Bestimmung erschwert. Die Männchen erreichen eine Größe von 16 cm, gegenüber nur 8 cm der Weibchen. *O. lithobates* ist ein typischer Höhlenbewohner. Die Weibchen gehen außerhalb der Höhle auf Futtersuche. Im Malawi-See scheint *O. lithobates* bevorzugt nach pflanzlicher Nahrung in den Ausscheidungen von anderen Fischen zu suchen. Im Aquarium ist die Versorgung mit Futter jedoch unproblematisch, denn *O. lithobates* nimmt alle bekannten Futtersorten an. Die Männchen zeigen das ganze Jahr über ihre Brutfärbung und verteidigen ihre Höhlen energisch gegen Artgenossen. Auch das Ablaichen findet in der Höhle statt. Werden diesen Cichliden im Aquarium entsprechende Höhlenverstecke angeboten, so sind sie absolut friedlich und gut mit anderen Cichliden zu vergesellschaften. Leider ist *Otopharynx lithobates* nur selten im Fachhandel erhältlich.

Otopharynx lithobates

Otopharynx lithobates ist ein friedlicher Buntbarsch, der in vielen verschiedenen Standortvarianten vorkommt. Jede isolierte Insel besitzt eine eigene Variante und nur die Weibchen sind überall identisch. Die Männchen

Rhampochromis macrophthalmus

Alle *Rhampochromis*-Arten gleichen einander und sind sehr schwer zu identifizieren. Diese Fischfresser werden je nach Art 25 - 30 cm groß. Im See ernähren sie sich von kleinen Cichliden und der Seesardine (*Engraulicypris sardella*). Für diese Fische, die es gewohnt sind im offenen Wasser zu leben sich einmal nahe der Küste und das andere Mal weit draußen im See aufzuhalten, müssen die Aquarien mindestens 200 cm Länge bieten. Von uns wird *R. macrophthalmus* in einem 300 cm langen Aquarium

Rhamphochromis macrophthalmus

gepflegt und auch erfolgreich gezüchtet. Das Ablaichen zieht sich meist über drei Stunden hin. In dieser Zeit verteidigt ein *Rhampochromis*-Männchen das Revier von über 200 cm Länge! Die Mitbewohner müssen sich in der anderen Ecke des Aquariums aufhalten. Bisher sind nur vereinzelt Berichte über eine geglückte Nachzucht bekanntgeworden. Um diesen Fisch zur Nachzucht zu bewegen, müssen neben guter ausgewogener Nahrung wirklich große Aquarien zur Verfügung gestellt werden.

Nimbochromis fuscotaeniatus

Nimbochromis fuscotaeniatus

Nimbochromis fuscotaeniatus ist ein Raubfisch, der eine beachtliche Größe von 30 cm erreicht. Dieser Buntbarsch kommt nur im südlichen Teil des Malawi-Sees und im Malombe-See vor. Die Weibchen werden mit gut 20 cm fast genauso groß wie die Männchen. Allerdings zeigen die wesentlich farbenprächtigeren Männchen das ganze Jahr über ihre Brutfärbung. Außerdem haben die Männchen zur besseren Unterscheidung stärker ausgezogene Bauch-, After- und Rückenflossen. Interessant ist, daß dieser schnelle Raubfisch die Übergangszone bevorzugt. In der stark bewachsenen Übergangszone geht er auf Jagd nach kleinen Fischen und deshalb ist auch entsprechende Vorsicht bei der Vergesellschaftung mit diesem Räuber walten zu lassen, der sich schadlos an kleinen Aquarienmitbewohnern vergreifen würde. Das Ablaichen geschieht in der Nähe von Felsen und über Sandboden. Die Jungfische werden nach dem Freisetzen durch das Weibchen bewacht. In Aquarien mit mindestens 1,50 m Länge können diese aggressiven Fische gut mit gleichartigen und größeren Fischen gehalten werden. Die elegante Form und die intensive Blaufärbung machen diesen Cichliden zu einem attraktiven Aquarienbewohner. Im Handel sind sie gut zu erhalten und somit öfters in Liebhaberaquarien anzutreffen.

Nimbochromis linni

Nimbochromis linni sollte in einem speziellen Artenaquarium gehalten werden, obwohl er trotz seiner Größe von 30 cm ein friedlicher Vertreter der Cichliden ist. Bei unzureichenden Aquarienbedingungen stellen sie das Fressen ein, verkümmern und verenden schließlich. Ein Männchen und drei Weibchen in einem etwa 300 - 400 Liter fassenden Aquarium stellt das Optimum für die Aquarienhaltung dar. N. linni ist ein Fischfresser. Er lauert jungen Mbunas, die sich in einer Felsspalte oder Höhle versteckt halten, regelrecht auf. Dazu verharrt er mehrere Minuten in dieser Stellung und wartet geduldig bis einer der Jungfische sich aus der Spalte oder Höhle herauswagt. Sobald er in die Nähe des vorstehenden Maules gerät, öffnet sich plötzlich das Maul und N. linni und saugt den Jungfisch förmlich hinein. Die günstigste Einrichtung des Aquariums stellen ein entsprechender Schwimmraum im Vordergrund, im Hintergrund Höhlen und seitlich eine starke Bepflanzung mit Vallisnerien dar. Findet N. linni diese optimale Einrichtung und die passende Nahrung vor, so schreitet er im Aquarium auch zur Nachzucht.

Nimbochromis linni

Nimbochromis venustus

Nimbochromis venustus gehört fast zum Standardsortiment jedes Buntbarsch-Fachgeschäftes. Da die Tiere bis zu 25 cm groß werden können, sind Aquarien ab 1,50 m Länge Bedingung für die Hälterung und Zucht. *N. venustus* kommt im gesamten Malawi-See und auch im Malombe-See vor. Dort lebt er hauptsächlich über Sandböden in Gruppen von mehreren Tieren. Er ist ein Fischfresser und jagt seine Beute über den Sandboden bis es ihm gelingt sie zu erbeuten. Darum darf er natürlich nicht mit kleineren Fischen im Aquarium vergesellschaftet werden. Gegenüber gleichgroßen Fischen ist dieser Cichlide allerdings friedlich. Soweit bekannt ist baut *N. venustus* keine speziellen Nester, sondern laicht direkt auf dem Sandboden ab. Die Eier werden außerhalb des Maules des Weibchens befruchtet, indem das Männchen über sie hinwegschwimmt, bevor sie vom Weibchen aufgesammelt werden können. Die Weibchen entlassen die Jungfische später in die dichtbepflanzten Uferregionen, wo sie ausreichend

Nimbochromis venustus

Versteckplätze zum Überleben finden. Wählen Sie harte Pflanzensorten für Ihr Aquarium, denn *N. venustus* frißt gerne die zarten Aquarienpflanzen auf.

Nimbochromis livingstonii

Nimbochromis livingstonii ist durch seine besondere Verhaltensweise bei der Jagd auf kleine Fische bekannt geworden. Zeitweilig legen sich diese Raubfische mit der Körperseite flach auf den Boden und stellen sich tot. Durch ihre schwarz-weiß-braune Färbung sehen sie dann aus, wie ein verwesender Fisch. Unerfahrene Jungfische, die daran fressen wollen, werden jetzt blitzschnell gepackt und verschlungen. *N. livingstonii* ist recht häufig im Zoo-Fachhandel verfügbar und sehr gut mit etwa gleichgroßen Fischen in einem Aquarium zu halten. Die Männchen erreichen eine Größe von 25 cm, die Weibchen bleiben etwas kleiner. Die Männchen in Brutfärbung vertreidigen ihr Revier am Rande eines Felsbiotops, wo auf Sandboden das Ablaichen stattfindet. Die Eier werden außerhalb des Maules des Weibchens befruchtet, bevor sie das Weibchen aufsammeln kann. Die Brut wird vom Weibchen für längere Zeit versorgt und erst entlassen, wenn sie eine gewissen Selbständigkeit entwickelt hat. *N. livingstonii* ist durch seine charakteristische Färbung kaum mit einem anderen Cichliden des Malawi-Sees zu verwechseln.

Nimbochromis livingstonii